KOKOKARA DRILL SERIES

大学入試
TSUNAGERU

高山の ここから
つなげる
英語リスニング
ドリル

Gakken

受験勉強の挫折の原因とは？

自分で
続けられる
かな…

定期テスト対策と受験勉強の違い

本書は、"解く力"を身につけたい人のための、「実践につなげる受験入門書」です。ただ、本書を手に取った人のなかには、「そもそも受験勉強ってどうやったらいいの？」「定期テストの勉強法と同じじゃだめなの？」と思っている人も多いのではないでしょうか。実は、定期テストと大学入試は、本質的に違う試験なのです。そのため、定期テストでは点が取れている人でも、大学入試に向けた勉強になると挫折してしまうことがよくあります。

定期テスト
とは…　▶　授業で学んだ内容のチェックをするためのもの。

学校で行われる定期テストは、基本的には「授業で学んだことをどれくらい覚えているか」を測るものです。出題する先生も「授業で教えたことをきちんと定着させてほしい」という趣旨でテストを作成しているケースが多いでしょう。出題範囲も、基本的には数か月間の学習内容なので、「毎日ノートをしっかりまとめる」「先生の作成したプリントをしっかり覚えておく」といったように真面目に勉強していれば、ある程度の成績は期待できます。

大学入試
とは…　▶　膨大な知識と応用力が求められるもの。

一方で大学入試は、出題範囲が高校3年間のすべてであるうえに「入学者を選抜する」ための試験です。点数に差をつけるため、基本的な知識だけでなく、その知識を活かす力（応用力）も問われます。また、試験時間内に問題を解ききるための時間配分なども必要になります。定期テストとは試験の内容も問われる力も違うので、同じような対策では太刀打ちできず、受験勉強の「壁」を感じる人も多いのです。

入試演習の難しさ

定期テスト対策とは大きく異なる勉強が求められる受験勉強。出題範囲が膨大で、対策に充てられる時間も限られていることから、「真面目にコツコツ」だけでは挫折してしまう可能性があります。むしろ真面目に頑張る人に限って、空回りしてしまいがちです。特に挫折する人が多いのが、基礎固めが終わって、入試演習に移行するタイミング。以下のような悩みを抱える受験生が多く出てきます。

本格的な受験参考書をやると急に難しく感じてしまう

本格的な受験参考書は、解説が長かったり、問題量が多かったりして、難しく感じてしまうことも。また、それまでに学習した膨大な知識の中で、どれが関連しているのかわからず、問題を解くのにも、復習にも、時間がかかってしまいがちです。

知識は身につけたのに、問題が解けない

基礎知識は完璧、と思っていざ問題演習に進んでも、まったく歯が立たなかった……という受験生は少なくありません。基礎知識を覚えるだけでは、入試問題に挑むための力が十分に身についているとは言えないのです。

入試演習に挑戦できる力が本当についているのか不安

基礎固めの参考書を何冊かやり終えたのに、
本格的な入試演習に進む勇気が出ない人も多いはず。
参考書をやりきったつもりでも、
最初のほうに学習した内容を忘れてしまっていたり、
中途半端にしか理解できていない部分があったりする
ケースもよくあります。

この悩みに
寄り添ったのが…

ここからつなげるシリーズで
"解けない"を解決！

前ページで説明したような受験生が抱えやすい悩みに寄り添ったのが、「ここからつなげる」シリーズです。無理なく演習に取り組め、しっかりと力を身につけられる設計なので、基礎と実践をつなぐ1冊としておすすめです。

1 無理なく演習に取り組める！

全テーマが、解説1ページ➡演習1ページの見開き構成。
問題を解くのに必要な事項を丁寧に学習してから演習に進むので、
スモールステップで無理なく取り組めます。

2 "問題が解ける力"が身につくテーマを厳選！

基礎知識を生かして入試問題を解けるようになるために不可欠な、
基礎からもう一歩踏み込んだテーマを解説。
入試基礎知識の学習段階から、実践段階へのスムーズな橋渡しをします。

3 定着度を確かめられて、自信がつく！

1冊やり終えた後に、学習した内容が身についているかを確認できる
「修了判定模試」が付いています。
本書の内容が完璧に身についているか確認したうえで、
自信をもって入試演習へと進むことができます。

これなら
解けそう

A Workbook for Achieving
Complete Mastery
English Listening by Nozomi Takayama

本書を手に取っていただき、ありがとうございます。英語講師の高山のぞみです。

リスニングの問題演習をするとき、「何となく解いてしまって、結局力がついたのかわからない…」という経験がある人はきっと多いと思います。せっかく演習するならば、ちゃんと得点につながって欲しいという思いを込めて、今回「問題を解くときの準備方法」「選択肢をチェックするときの着眼点」「形式・テーマ別の重要表現」に特化したドリルを作りました。音声が流れる前の短い時間で準備をすることは難しく感じるかもしれませんが、演習の段階では時間を気にせず「準備をする練習」をしてみましょう。実際に問題を解くときに反射的に準備ができるようになることを目指して取り組んでみてくださいね。

本書は問題を解く前の準備に特化するためにアメリカ英語を中心に収録していますが、バリエーションを感じてもらうために一部イギリス英語も含まれています。問題演習が中心のドリルですが、解説内のスクリプトに、どのような音が聞こえにくいか、つながって聞こえるかなども、できる限り記しました。問題を解いた後は、解説内のスクリプトを見ながら再度聞き、あわせて「音のポイント」なども参照して、実際の聞こえかたを確認してみてください。

リスニングは対策方法がわかりにくかったり、対策が個人に任せられていることが多くて、悩みを抱えやすいかと思います。解説内には担当したクラスの生徒さんたちに「リスニングの勉強で疑問に思っていることはある？」と募集した質問と、それに対する私の答えも入れましたので、きっと不安を抱えているのは自分だけではないと気づけると思います。快く協力してくださった皆さん、本当にありがとうございました。

本書を手に取ってくれた「あなた」が、リスニングを得点源にし、目標を達成できることを心から願っています。頑張ってね！

膝の上から執筆を応援してくれたくぅちゃん（愛犬）とともに

高山のぞみ

5

も　く　じ

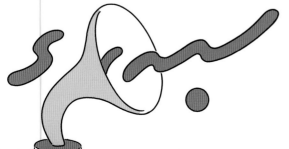

発音の表記方法

本書では，以下のような記号を用いて説明します。

- 「　」… 発音をカタカナで表したもの
- （　）… 聞こえづらい音を表したもの
- 〔　〕または / … 聞こえかたのバリエーションを表したもの

※なお、1つ1つの音は「おぅ」のようにひらがなで,
　単語やフレーズなどの発音は「トーカバゥ（ト）」のようにカタカナで記されています。

※発音記号「 ´ 」がついている母音は強く読まれます。
　⑱ stock /stάk/「スタ（ク）/ スト（ク）」

🔊 **音声のご利用方法**

本書の 🔊 が掲載されている箇所は音声に対応しています。音声を再生するにはまず、右のQRコードをスマホなどで読み取るか、次のURLにアクセスしてアプリをダウンロードしてください。ダウンロード後、アプリを起動して『高山のここからつなげる英語リスニングドリル』を選択すると、端末に音声がダウンロードされます。

https://gakken-ep.jp/extra/myotomo/

※iPhoneからのご利用にはApple ID、Androidからのご利用にはGoogleアカウントが必要です。また、アプリケーションは無料ですが、通信料は別途発生します。

〔ご利用の注意点〕
お客様のネット環境およびスマホやタブレット端末の環境により、音声の再生やアプリの利用ができない場合、当社は責任を負いかねます。また、スマホやタブレット端末へのアプリのインストール方法など、技術的なお問い合わせにはご対応できません。ご理解をいただきますようお願いいたします。

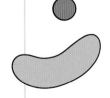

別冊「解答解説」 ➝ 別冊「修了判定模試」

入試問題を解くのに不可欠な知識を、順番に積み上げていける構成になっています。

「▶ここからつなげる」をまず読んで、この講で学習する概要をチェックしましょう。

解説を読んだら、書き込み式の演習ページへ。学んだ内容が身についているか、すぐに確認できます。

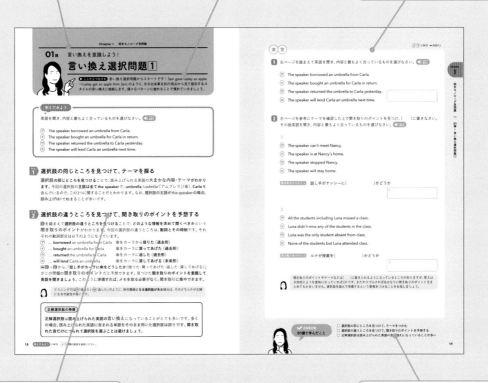

人気講師によるわかりやすい解説。ニガテな人でもしっかり理解できます。

学んだ内容を最後におさらいできるチェックリスト付き。

答え合わせがしやすい別冊「解答解説」付き。詳しい解説でさらに本番における得点力アップが狙えます。

すべての講をやり終えたら、「修了判定模試」で力試し。間違えた問題は →00講 のアイコンを参照し、該当する講に戻って復習しましょう。

1 | リスニングで高得点を取るためには、「聞き取る力」と「問題を解く力」が必要

「英語が聞き取れる」と「問題が解ける」は別のスキル

　「テスト」という形式のリスニングは、聞き取りや理解の助けとなる視覚情報が少ないため、とても高度な種類のリスニングだと言えます。受験では、そのような**高度なリスニングに対応できる「聞き取る力」**が要求されます。ですが、英語を聞き取ることができれば受験で高得点が取れるかと言われれば、必ずしもそうとは限りません。**「英語を聞いて内容がわかる力」**と**「問題が解ける力」は別のスキル**なので、問題が解けるようになるためには演習が必要なのです。

問題演習に入る前に、まずは「聞き取る力」をつけておこう

　受験で高得点を狙うためには、「聞き取る力」と「問題を解く力」の両方が必要です。問題演習に入る時点では当然、まずは「英語が聞き取れる」状態になっている必要があります。「聞き取る力」をつけるには、**実は「単語力」「文法力」「読解力」**が不可欠です。これらの力がある程度なければ読むことができませんし、**読んで理解することができなければ聞いても理解することはできません。**文法や単語の助けで**読む速度が速くなれば、選択肢を読む時間も短縮できます。**そのため、リスニングの勉強と並行して単語・文法・読解の学習を進めましょう。その際、**単語を覚えるときに発音やアクセントも覚えたり、聞こえ方を意識しながら長文の音声を聞くといったような、リスニングを意識した学習をする**ことも重要です。

聞き取る力を身につけるためにも
「単語力」「文法力」「読解力」を磨いておこう！

2 │ 「音のひっかけ選択肢」に 対応できる力をつけて、 問題演習に入ろう

聞き取れる音を増やして「音のひっかけ選択肢」に 対応できる力をつける

　「単語力」「文法力」「読解力」に加えて、「**音の知識**」も身につけておき、聞き取れる音を増やしましょう。例えば、talk aboutは「トーク アバウト」のように１単語ずつ区切って発音されるのではなく、「トーカバウ（ト）」のようにつなげて読まれたり、音が聞こえなくなったりします。このような知識が身についていない人は、**聞き取れた音（単語）にのみ反応してしまいがち**です。これを想定し、リスニング問題では「音のひっかけ」が狙われます。例えば、Tom left for school.（トムは学校に向けて出発した）に近い内容を選ばせる問題では、Tom set out for school. という正しい選択肢の他に、Tom <u>left</u> something at <u>school</u>.（トムは学校に忘れ物をした）のような、聞き取りやすい音（leftやschoolなど）を使った「音のひっかけ選択肢」があるのです。**このような選択肢にひっかからないようにするためにも、音の知識が必要なのです。**

聞き取れる音を増やすには、ディクテーションが有効

　聞き取れる音を増やすには、**短文を流して書き取るディクテーション**を習慣的に行うこともおススメです。ディクテーションは、意味や品詞などの単語の知識と正しい発音を結び付けたり、英語らしい音に慣れたりするのにとても有効な学習法です。「英語が全然聞き取れない」という人は、ディクテーションを１ヵ月程度継続してから問題演習に入るようにしましょう。**問題演習を始めてからも「毎日１文だけ」などディクテーションを継続していくと、さらなるパワーアップが見込めます。**

ディクテーションで
聞き取れる音を増やしておこう！

3 | リスニングは音声が流れる前から始まっている!?

リスニングは「音声が流れているときが全て」ではない

　リスニングの問題で重要なのは、「音声が流れているときにいかに正確に内容を聞き取るのか」「聞き取った後にいかにすばやく問題を解くのか」ということだと考えている人が多いかもしれません。ですが、**実は音声が流れはじめる前の時間をどう使うかも同じくらい重要**です。リスニングは「音声が流れているときだけ」だと思っている人と、「音声が流れる前の時間をうまく活用して準備をした上で音声を聞く」意識を持った人とでは、聞き取りやすさに大きな差が生まれます。**リスニングの点数は、音声が流れる前の時間をどのように使うかに左右される**と言っても過言ではないのです。

全てを聞き取れないと問題は解けない?

　どんなに「聞き取る力」を高めていても、聞き逃してしまうことや覚えていない単語が出てきてしまう可能性はあります。そうしたときに「全てを聞き取らないと問題が解けない」と思っていると、パニックになってしまいます。しかし**実際は「全てを完ぺきに聞き取る」必要はなく、問題を解く際に必要なことを聞き取ることができれば問題を解くことができます**。このように**音声が流れる前の準備では、「どのような情報を求めて聞くべきなのか」という「聞き取りのポイント」を見つけ出しておく**ことが求められています。どのような状況での会話なのか、どのようなテーマの話なのか…などを知った上で問題を解くのと、そうでないのとでは、聞き取りやすさに雲泥の差が出ることは容易に想像がつきますよね。

リスニングでは音声が流れるまでの準備も大切!

4 | 準備方法やよく使われる表現を覚えて、高得点を狙おう

それぞれの問題形式にあった事前準備をする力をつける

それでは、「音声が流れる前の準備」とは、具体的にどのようなことをすればいいのでしょうか。もちろんその方法は、問題の内容や形式によって異なります。本書では、**共通テストや英検などの様々なテストで「よく出題される問題」を選び、それぞれに対する準備の方法を説明しています**。本書を使って、たくさんの形式・テーマに沿った準備を練習し、**「準備すること」の習慣化**を目指しましょう。準備をすることが習慣化されると、日本語の読み上げが説明されている最中や、問題と問題の間の時間などを使って、短時間で問題を解く際に必要な聞き取りのポイントを見つけることができるようになります。また、たとえ**受験本番で新しい形式に出合ったとしても「どのような準備をすればいいのか全くわからない」という状態を防ぐことができ**、それが大きな安心と自信につながることでしょう。

テーマにあった表現も覚えて、聞き取りの目印にしよう

前述のような準備方法の確認とあわせて、本書では「位置に関する問題」「提案に関する問題」「時間に関する問題」…など、それぞれの形式・テーマで使われることが多い表現などをまとめています。**問題を解く際にヒントとなるような表現を覚えておくことは、確実に得点アップにつながります**。準備方法を体得し、さらによく使われる表現などを覚えておけば、リスニングの点数が安定して取れるようになるはずです。一緒にリスニングを得意科目に変えていきましょうね！

問題形式にあった事前準備と
表現を身につけて、リスニングを制そう！

教えて！　高山先生

Q

結局、音声が流れているときは
メモを取ったほうが良いの？

リスニングの最中にメモを取ったほうが良いという意見と、メモを取らないほうが良いという意見の両方を聞きます。結局、メモは取ったほうが良いのでしょうか？

A

基本的にはメモを取らなくて良いように
事前準備をしておくことがおススメです。

　メモを取る・取らないということについては、様々な考えがあると思います。私個人としては、**メモを取らなくて良いように準備をしておく**ことをおススメします。メモを取っていると、そちらに気がとられてしまい、聞き逃してしまうことがあります。また、リーディングと違ってリスニングは一度聞き逃してしまうと「もう一度聞く」ことができないため、内容がわからなくなってしまうこともあります。**西暦や数字などは忘れやすい**のでメモを取ったほうが良いと思いますが、それ以外は**メモを取らないで済むように事前準備をしておき、音声が流れている間は聞き取りに集中できる**ような環境を作ることを目指しましょう。

教えて！　高山先生

Q

同じ音声を繰り返し聞いていると覚えちゃうから、常に新しいものを聞くべき？

長文の授業で使った英文の音声を使ったりしてリスニングの勉強をしています。同じ英文を何度も聞いていると、どうしても内容を覚えてしまうのですが、このまま聞き続けて良いのでしょうか？

A

覚えることはとても良いことです！どんどん聞いて覚えましょう。

　リスニングにも「単語力」「文法力」「読解力」が必要ですが、このような力をつけるためには、まずは**重要な単語やフレーズを覚えることがとても重要**です。「この単語は実際はこう聞こえる」という音の知識も一緒に身につけることができるので、**覚えるほど同じ英文を聞くことはとても良い学習法**だと思います。また、聞き慣れた音声教材があれば、聞き取りながらその英文の内容をイメージしたり、内容を記憶する練習をしたりといった、「単に音声を聞く」のではなく「内容を意識する」ことに特化したトレーニングを行うこともできます。そのような拠り所となる教材があることは素晴らしいことですよ！

Q

問題演習をした後は、すぐにスクリプトを見ないほうがいいの？

リスニングの問題を解いた後にすぐにスクリプトを見るのと、何度も聞いてからスクリプトを見るのでは、どちらが良いのでしょうか？

A

すぐにスクリプトを見てニガテな音をチェックしながら聞き直すようにしよう。

　聞き取れるようになるまで繰り返し聞いた後でスクリプトを見るという学習方法もありますが、特に「聞き取る力」に自信がない場合は、**自分のニガテな音を知り、その音をインプットしていくことを優先したほうが良い**と思います。問題を解いたり聞いたりした後には、**必ずスクリプトを見ながら聞き直すようにしましょう**。その際に、**聞き取りにくかった単語・フレーズや、自分が聞き取った内容と異なる部分などをチェックし、繰り返し聞いたり、自分でも発音したりするようにして音をインプットする**ようにしましょう。ある程度聞き取れるようになり、自信がついた場合には、前述のような方法を試してみるのも良いと思いますよ。

KOKOKARA DRILL SERIES
TSUNAGERU
大学入試

高山の ここから
つなげる
英語リスニング
ドリル

河合塾
高山のぞみ

01講 言い換えを意識しよう！
言い換え選択問題 ①

▶ ここからつなげる 言い換え選択問題からスタートです！ Sam gave Lesley an apple. →Lesley got an apple from Sam. のように、ある出来事を別の視点から見て描写するスタイルの言い換えに挑戦します。様々なパターンに触れることで慣れていきましょう。

考えてみよう

英語を聞き、内容と最もよく合っているものを選びなさい。 🔊 TRACK 001

㋐ The speaker borrowed an umbrella from Carla.
㋑ The speaker bought an umbrella for Carla in return.
㋒ The speaker returned the umbrella to Carla yesterday.
㋓ The speaker will lend Carla an umbrella next time.

手順1 選択肢の同じところを見つけて、テーマを探る

選択肢の同じところを見つけることで、読み上げられる英語の**大まかな内容・テーマ**がわかります。今回の選択肢の**主語は全て the speaker** で、**umbrella** /ʌmbrélə/「アムブレラ」(傘)、**Carla** を含んでいるので、この3つに関することだとわかります。なお、選択肢の主語が the speaker の場合、読み上げは I で始まることが多いです。

手順2 選択肢の違うところを見つけて、聞き取りのポイントを予想する

1を踏まえて**選択肢の違うところを見つける**ことで、どのような情報を求めて聞くべきかという**聞き取りのポイント**がわかります。今回の選択肢の違うところは、**動詞とその時制**です。それぞれの動詞部分は以下のようになっています。

㋐ ... **borrowed** an umbrella from Carla　傘をカーラから**借りた**（**過去形**）
㋑ ... **bought** an umbrella for Carla　傘をカーラに**買ってあげた**（**過去形**）
㋒ ... **returned** the umbrella to Carla　傘をカーラに**返した**（**過去形**）
㋓ ... **will lend** Carla an umbrella　傘をカーラに**貸してあげる**（**未来形**）

➡ **1** + **2**から、「**話し手がカーラに傘をどうしたか**（借りた・買ってあげた・返した・貸してあげる）」がこの問題の**聞き取りのポイント**だと予想できます。見つけた**聞き取りのポイントを意識して英語を聞きましょう**。このように準備すれば、メモを取る必要がなく、聞き取りに集中できます。

 リスニングでは㋐「借りた」・㋒「返した」のように、**対の関係になる選択肢がある**場合は、そのどちらかが正解になる可能性が高いです。

> **正解選択肢の特徴**
>
> **正解選択肢**は読み上げられた英語の**言い換え**になっていることがとても多いです。多くの場合、読み上げられた英語に含まれる単語をそのまま用いた選択肢は誤りです。**聞き取れた音だけにつられて選択肢を選ぶことは避けましょう**。

[演][習]

1 左ページを踏まえて英語を聞き、内容と最もよく合っているものを選びなさい。 TRACK 002

㋐ The speaker borrowed an umbrella from Carla.

㋑ The speaker bought an umbrella for Carla in return.

㋒ The speaker returned the umbrella to Carla yesterday.

㋓ The speaker will lend Carla an umbrella next time.

2 左ページを参考にテーマを確認した上で聞き取りのポイントを見つけ、(　　)に書きなさい。その後英語を聞き、内容と最もよく合っているものを選びなさい。 TRACK 003

①

㋐ The speaker can't meet Nancy.

㋑ The speaker is at Nancy's home.

㋒ The speaker stopped Nancy.

㋓ The speaker will stay home.

[聞き取りのポイント] 話し手がナンシーに(　　　　　　　　)かどうか

①

②

㋐ All the students including Luna missed a class.

㋑ Luna didn't miss any of the students in the class.

㋒ Luna was the only student absent from class.

㋓ None of the students but Luna attended class.

[聞き取りのポイント] ルナが授業を(　　　　　　　　)かどうか

②

聞き取りのポイントやテーマなどは(　　)に書き入れるようになっているところがありますが、答えは大体同じような意味になっていればOKです。またやりづらければ自分なりに聞き取りのポイントをまとめてもかまいません。選択肢を読んで準備するという習慣をつけることを目指しましょう。

✔ CHECK
01講で学んだこと

- ☐ 選択肢の同じところを見つけて、テーマをつかむ
- ☐ 選択肢の違うところを見つけて、聞き取りのポイントを予想する
- ☐ 正解選択肢は読み上げられた英語の言い換えになっていることが多い

02講　疑問文の言い換えを意識しよう！
言い換え選択問題2

▶ **ここからつなげる** 読み上げられた疑問文などの意図を理解し、その言い換えを選ぶ練習をします。疑問文と、その言い換えとしてよく用いられる選択肢のカタチなども覚えておきましょう。

考えてみよう

英語を聞き、内容と最もよく合っているものを選びなさい。 TRACK 004

- ㋐ The speaker is asking Lisa to arrive on time.
- ㋑ The speaker is letting Lisa know the arrival time.
- ㋒ The speaker knows what time Lisa will arrive.
- ㋓ The speaker wants to know when Lisa will arrive.

手順1　選択肢の同じところを見つけて、テーマを探る

選択肢の主語は全て the speaker で、Lisa、arrive、さらに**時間に関するフレーズ**も含まれています。また、know も3つに含まれているため、**リサ**と**到着時間**（に関すること）が**テーマ**のようです。このように同じ語が複数の選択肢に含まれる場合は、テーマに関連している可能性が高いということを覚えておきましょう。

手順2　選択肢の違うところを見つけて、聞き取りのポイントを予想する

内容が大きく異なる㋐を除くと、違うところは**リサ**と**到着時間**に関する動詞部分です。

- ㋑ The speaker is **letting Lisa know** … 　　話し手がリサに…を**知らせている**
- ㋒ The speaker **knows** … 　　話し手が…を**知っている**
- ㋓ The speaker **wants to know** … 　　話し手が…を**知りたがっている**

特に㋑と㋓では、話し手が㋑教える側、㋓教えてもらう側と**立場が逆転**しており、このような**対の関係になる選択肢は重要な聞き取りのポイント**となる可能性が非常に高いです。

➡ 1 ＋ 2 から、「**話し手がリサの到着時間について知らせているのか、知りたいのか**（またはすでに知っているのか）」が**聞き取りのポイント**だと予想できます。

よく使われる疑問文とそれに対応する選択肢になりがちな英語表現

●**許可**を求める英語
　Can I do …? / Is it OK if I do …? / May I do …? / Would you mind if I did …?　など

●**誘う**際に用いられる英語
　Why don't we do …? / How about doing …? / What do you say to doing …?　など

選択肢 The speaker is asking … / The speaker wants to do …　などになる

●**お願い**をする際に用いられる英語
　Can[Could] you do …? / Would you do …? / I'd appreciate it if you could do …など

選択肢 The speaker is asking A to do … / The speaker wants A to do …　などになる

考えてみよう の解答　演習 1 の解答を参照ください。

[演][習]の解答 ➡ 別冊P.3

[演][習]

1 左ページを踏まえて英語を聞き、内容と最もよく合っているものを選びなさい。 TRACK 005

㋐ The speaker is asking Lisa to arrive on time.

㋑ The speaker is letting Lisa know the arrival time.

㋒ The speaker knows what time Lisa will arrive.

㋓ The speaker wants to know when Lisa will arrive.

2 左ページを参考にテーマを確認した上で聞き取りのポイントを見つけ、(　　)に書きなさい。その後英語を聞き、内容と最もよく合っているものを選びなさい。 TRACK 006

①

㋐ The speaker doesn't want to speak to anyone.

㋑ The speaker doesn't want to wake her child.

㋒ The speaker is trying to go to sleep.

㋓ The speaker is trying to put her baby to sleep.

[聞き取りのポイント] 誰が(　　　　　　　　　)のか

①

②

㋐ The speaker appreciates Mr. Lee's joining the project.

㋑ The speaker doesn't think Mr. Lee knows about the project.

㋒ The speaker is asking Mr. Lee for some information.

㋓ The speaker will tell Mr. Lee about the project in detail.

[聞き取りのポイント]
話し手はリーさんに(　　　　　　　　　)に関する情報を伝えるのか、
それとも(　　　　　　　　　)のか

②

✔ CHECK
02講で学んだこと

☐ 2つ以上の選択肢に同じような語やフレーズが含まれている場合、テーマに関係している可能性が高い
☐ 対の関係になる選択肢は、聞き取りのポイントになる
☐ 疑問文とそれに対応する選択肢になりがちな英語を覚えておく

03講 要約を意識しよう！
言い換え選択問題③

▶ **ここからつなげる** 言い換え選択問題の3つ目のパターンです。この講では、読み上げられた英文の内容を理解し、その要約となるような選択肢を選ぶ練習をします。ここでも聞き取れた音だけではなく、内容を理解することを意識しましょう。

考えてみよう

英語を聞き、内容と最もよく合っているものを選びなさい。 🔊 TRACK 007

ⓐ The speaker caught a cold today.
ⓑ The speaker probably won't go to the party.
ⓒ The speaker's son went to the clinic.
ⓓ The speaker's son will attend the party.

手順1 選択肢の似ているところを見つけて、テーマを探る

今回は主語を除き**全ての選択肢に共通するフレーズはありません。このような場合は、複数の選択肢で似たフレーズが含まれていないか探しましょう**。例えば、ⓐa cold とⓒclinic /klínik/「クリニ(ク)」(診療所)から**病気に関すること**、ⓑgo to the party とⓓattend the party から**パーティーへの出席に関すること**がテーマだと予想できます。

手順2 選択肢の違うところを見つけて、聞き取りのポイントを予想する

今回は**主語、時制、動詞部分**と、違うところが複数ありますが、特に重要なのは**主語が2パターンある**ということです。この場合は、「**誰が**」「**どうする**」が聞き取りのポイントとなることが多いので、**主語と動詞部分をセットで見ていきましょう**。

このような場合は、時制の違いよりも「どうする」の内容を意識して確認しておきましょう。

① The speaker が主語
　ⓐ ... **caught a cold** today　　　**今日風邪をひいてしまった**
　ⓑ ... probably **won't go to the party**　**多分パーティーに行かない**

② The speaker's son が主語
　ⓒ ... **went to the clinic**　　**診療所に行った**
　ⓓ ... **will attend the party**　**パーティーに参加する**

さらに動詞部分でまとめてみると、ⓑとⓓで**対の関係**になっているため、「**2人はパーティーに行くかどうか**(話し手は行かない・息子は行く)」**が特に重要**になりそうだとわかります。同様にⓐとⓒから、「**どちらが病気になったのか**」も聞き取る必要がありそうです。

➡ **1** + **2** から、「**2人はパーティーに行くかどうか**」また「**どちらが病気になったのか**」が**聞き取りのポイント**と予想できます。

[演][習]の解答 ➡ 別冊P.4

[演][習]

1 左ページを踏まえて英語を聞き、内容と最もよく合っているものを選びなさい。 TRACK 008

㋐ The speaker caught a cold today.

㋑ The speaker probably won't go to the party.

㋒ The speaker's son went to the clinic.

㋓ The speaker's son will attend the party.

2 左ページを参考にテーマを確認した上で聞き取りのポイントを見つけ、(　　)に書きなさい。その後英語を聞き、内容と最もよく合っているものを選びなさい。 TRACK 009

①

㋐ The speaker cleaned her room after going to the park.

㋑ The speaker cleaned her room instead of playing outside.

㋒ The speaker's mother didn't let the speaker go out.

㋓ The speaker's mother had the speaker do housework.

[聞き取りのポイント] 話し手は(　　　　　　　　)に行ったかどうか
＋母親は話し手に(　　　　　　　　)をさせたかどうか

①

②

㋐ Jane has just received the ticket she bought.

㋑ Jane made a phone call to get a ticket.

㋒ Jane will go to the concert early to buy a ticket.

㋓ Jane will not be able to go to the concert.

[聞き取りのポイント] ジェーンはコンサートチケットをすでに(　　　　　　　　)かどうか
＋コンサートに(　　　　　　　　)かどうか

②

✔ CHECK 03講で学んだこと

☐ 選択肢に同じところがない場合は似たフレーズを見つけて、テーマをつかむ
☐ 選択肢に主語が2パターンある場合は、主語と動詞部分をセットで確認する

04講　動作描写に合うイラストを見つけよう！

イラスト選択問題①

▶ **ここからつなげる** 読み上げられた英語に合うイラストを選択する問題を扱います。1つ目は動作描写編です。イラスト内に人物が登場し、何かを行っている様子が描写されます。動作の描写の場合は、現在進行形のカタチで読み上げられる可能性が高いです。

考えてみよう

英語を聞き、内容と最もよく合っている絵を選びなさい。 🔊 **TRACK 010**

手順1 イラストの同じところを見つけて、テーマを探る

イラストの場合も、まずは同じところを見つけます。この問題では全てのイラストで**男の子か男性が自転車に乗っている**ことから、テーマは**自転車に乗ること**に関係しているようです。

手順2 イラストの違うところを見つけて、聞き取りのポイントを予想する

1を踏まえて**違うところ**を探し、**聞き取りのポイント**を予想します。今回のイラストは以下のように分類することができます。

ア　男性が自転車に乗っている　　＋　　男の子が前
イ　男の子が自転車に乗っている　＋　　男の子が前
ウ　男の子が自転車に乗っている　＋　　男性が前
エ　男性が自転車に乗っている　　＋　　男性が前

このように「**どちらが自転車に乗っているか**」と「**位置関係**」の2つの要素の組み合わせになっていることがわかります。

➡ **1** ＋ **2**から、「**男の子・男性のどちらが自転車に乗っているか**」「**男の子・男性のどちらが前にいるか**」が**聞き取りのポイント**だと予想できます。

手順3 どのようなフレーズを用いて描写されるかを考える

聞き取りのポイントがどのようなフレーズを使って表されるか考えておくと、**音に対しての準備**もできます。今回は ride a bike［bicycle］（自転車に乗る）や位置を表す ahead of「ァヘドヴ」（…の前に）や behind /biháind/「ビハインド」（…の後ろに）などが考えられます。

> **イラスト問題のポイント**
>
> イラスト問題では、**聞き取りのポイントは2つある**ことが多いです。また、動作を描写しているイラストでは、「**誰が**」・「**何をしている**」がポイントになります。「**誰が**」は読み上げられる英語の**主語**になるので、準備をしておき、**冒頭を聞き逃さない**ように集中しましょう。

1 左ページを踏まえて英語を聞き、内容と最もよく合っている絵を選びなさい。

㋐　　　　　　　　㋑　　　　　　　　㋒　　　　　　　　㋓

2 左ページを参考にテーマを確認した上で聞き取りのポイントを見つけ、（　　）に書きなさい。次にどのようなフレーズが使われるか予想しなさい。その後英語を聞き、内容と最もよく合っている絵を選びなさい。 TRACK 012

① ㋐　　　　　　　　㋑　　　　　　　　㋒　　　　　　　　㋓

聞き取りのポイント　女性・男性のどちらがベンチに（　　　　　　　　）を塗るか
＋どちらが修理するか

①

② ㋐　　　　　　　　㋑　　　　　　　　㋒　　　　　　　　㋓

聞き取りのポイント　男の子が（　　　　　　　　）を連れているのか
＋どの犬がどの犬に向かって（　　　　　　　　）か

②

✔ CHECK
04講で学んだこと

☐ イラストの同じところを見つけて、テーマをつかむ
☐ イラストの違うところを見つけて、聞き取りのポイントを予想する
☐ 聞き取りのポイントがどのようなフレーズで表されるかを考えて準備をしておく

05講　物や人の状況に合うイラストを見つけよう！
イラスト選択問題[2]

[▶ここからつなげる] 前回に続きイラスト描写問題の練習です。今回は、物や人などの状況を描写する問題に挑戦します。ここで紹介する表現のほか、出来事の順序や「どこからどこへ向かうのか」などがポイントになることも多いです。

考えてみよう

英語を聞き、内容と最もよく合っている絵を選びなさい。[TRACK 013]

㋐　㋑　㋒　㋓

[手順 1] イラストの同じところを見つけて、テーマを探る

イラストの同じところを見つけ、**テーマを探りましょう**。全てのイラストに**レストランのテーブル**と**お客さん**が含まれていることから、これらに関する内容のようです。

[手順 2] イラストの違うところを見つけて、聞き取りのポイントを予想する

イラストの同じところを踏まえた上で違うところを探し、**聞き取りのポイント**を予想します。今回は、㋐～㋓で**お客さんの数が異なる**ことがわかります。

➡[手順 1]＋[手順 2]から、「**レストランのテーブルに何人座っているのか**」が**聞き取りのポイント**だと予想できます。

[手順 3] どのようなフレーズを用いて描写されるかを考える

予想した**聞き取りのポイント**が**どのような語彙やフレーズを使って表されるか**考え、準備をします。今回は、**restaurant**（レストラン）や**table**（テーブル）、**customers**（お客さん）などが含まれる可能性が高そうです。また、**数が関係しそうな場合**は、（ほとんど全ての…）を表す**almost all＋複数名詞**、**almost every＋単数名詞**や、（全く…ない）を表す**no**、実際の**数字**などが読み上げられる準備をしておきましょう。

状況描写の重要単語

状況描写では、**almost** /ɔ́:lmoust/「オールモゥス(ト)」（ほとんど、ほぼ）がよく用いられます。almostは、almost 100％（ほぼ100％＝100％に達していない）のように、**何かに到達していないこと**を表しています。類似した語に**nearly** /níərli/「ニァリィ」などもあります。

 [考えてみよう]の解答　[演][習]1の解答を参照ください。

演習

1 左ページを踏まえて英語を聞き、内容と最もよく合っている絵を選びなさい。 🔊 TRACK 014

2 左ページを参考にテーマを確認した上で聞き取りのポイントを見つけ、（　　）に書きなさい。次にどのようなフレーズが使われるか予想しなさい。その後英語を聞き、内容と最もよく合っている絵を選びなさい。 🔊 TRACK 015

①

聞き取りのポイント　劇が（　　　　　　　　　　）かどうか＋女性が（　　　　　　　　　）かどうか

①

②

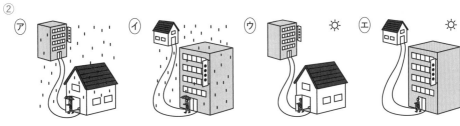

聞き取りのポイント　男性はどこから（　　　　　　　　　　）ところか
　　　　　　　　　　＋（　　　　　　　　　）が降っていたかどうか

②

✔ CHECK
05講で学んだこと

☐ 聞き取りのポイントに数が関係する場合、almost all ＋複数名詞やalmost every ＋単数名詞などが読み上げられる準備をしておく
☐ almostは何かに到達していないことを表す

06講　位置関係に合うイラストを見つけよう！
イラスト選択問題③

▶ ここからつなげる 引き続きイラスト描写問題です。地図の場合は位置関係や地図上に何があるか、看板の場合は「何ができるかできないか」が問われることが多いです。基本の準備の流れは同じですので、繰り返して習慣にしましょう。

考えてみよう

英語を聞き、内容と最もよく合っている絵を選びなさい。（※アイコンは施設を示す。） TRACK 016

ⓐ 　　ⓘ 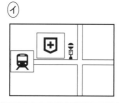　　ⓤ 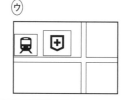　　ⓔ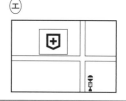

手順1 イラストの全体像からテーマを見つける

イラストを見ると、全て**地図**であることがわかります。そのため、**建物の位置関係や地図上に何の建物があるか**が**テーマ**となりそうです。

手順2 イラストの違うところを探して、聞き取りのポイントを予想する

イラストの同じところを踏まえて**違うところ**を探し、**聞き取りのポイントを予想**しましょう。それぞれの地図には以下のものが登場しているようです。

ⓐ　病院とバス停　　　　ⓘ　バス停・駅・病院
ⓤ　駅と病院　　　　　　ⓔ　病院とバス停

このように、イラストによって**地図に含まれているものが異なる**ことがわかります。
➡ **1** ＋ **2** から、「**バス停・駅・病院のどれが地図上にあるべきか**」が**聞き取りのポイント**だと予想できます。

手順3 どのようなフレーズを用いて描写されるかを考える

予想した**聞き取りのポイント**がどのような**語彙やフレーズを使って表される**か考えておきましょう。今回は**a bus stop**（バス停）、**a station**（駅）、**a hospital**（病院）などが英語内に含まれそうです。また、**何かがある・ない**を表す場合は**There is 名詞**（…がある）がよく用いられます。

> **肯定と否定の聞こえかたの違いに注意**
>
> be動詞や助動詞などは、肯定の場合は弱く短く読み上げられて聞き取りづらいですが、否定の場合ははっきり読み上げられます。看板の描写などで登場することが多い**can**と**can't**の違いを例に確認しておきましょう。**can**は弱く読まれて/kən/「**カン**」や/kn/「**クン**」のように聞こえるのに対し、**can't**ははっきり読まれて/kǽnt/「**ケェァン（ト）**」のように聞こえます。

演習 の解答 ➡ 別冊P.7

1 左ページを踏まえて英語を聞き、内容と最もよく合っている絵を選びなさい。 🔊 TRACK 017

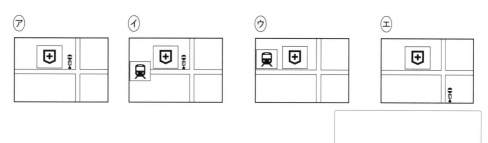

2 左ページを参考にテーマを確認した上で聞き取りのポイントを見つけ、（　　）に書きなさい。次にどのようなフレーズが使われるか予想しなさい。その後英語を聞き、内容と最もよく合っている絵を選びなさい。（※①のアイコンは店舗、施設などを示す。） 🔊 TRACK 018

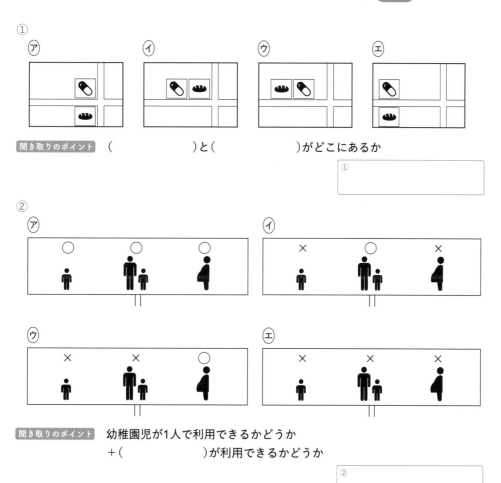

①

聞き取りのポイント　（　　　　　　　　）と（　　　　　　　　）がどこにあるか

①

②

聞き取りのポイント　幼稚園児が1人で利用できるかどうか
　　　　　　　　　　＋（　　　　　　　　）が利用できるかどうか

②

✔ CHECK
06講で学んだこと

☐ 選択肢が地図である場合、位置関係や地図上に何があるかがテーマとなる
☐ 助動詞などは肯定の場合は弱く短く、否定の場合ははっきり読み上げられる
☐ can（できる）やcan't（できない）を聞き取ることが重要

07講　読み上げられた英語の応答を選べるようになろう！
応答選択問題

▶ここからつなげる 読み上げられた英語を聞き、その応答となるものを選ぶ問題です。この形式の問題では、冒頭の疑問詞などが特に重要となることが多いため、聞き逃さないようにしっかり集中して挑みましょう。

考えてみよう

英語を聞き、その応答として最も良く合っているものを選びなさい。 🔊 TRACK 019

㋐ Because I want to stay here.
㋑ I no longer need to leave.
㋒ Sorry, but I have to go.
㋓ Yes, I'll be on leave soon.

手順1 選択肢に同じところがあるか確認する

この形式の**選択肢**は**一見バラバラ**で**テーマがわからない**ことも多いですが、目立つ語や2つ以上の選択肢に類似した語があれば、それを元にまとめたりテーマを見つけたりすることができます。今回は、㋑・㋓にleave、㋒にgoが含まれていることから、**立ち去ることに関する**内容のようです。なお、㋓のon leaveは（休暇で）という意味で、**他と大きく違う意味のフレーズ**なので、**英語内でleaveが用いられていることを利用した音のひっかけ選択肢**である可能性が高いです。

手順2 各選択肢に対応する英語を考える

それぞれの選択肢が**どのような英語の応答として用いられるか**考えておきます。**応答を選ぶ形式の問題**は、その性質から**疑問文が読み上げられることが多い**です。そのため、**特に疑問詞などの冒頭部分を聞き逃さない**ようにしましょう。以下のように読み上げられる英語を予想できます。

㋐ **Because …**　→　Why ～？などの**理由を聞く表現**
㋑ I no longer need to leave.　→　Do you need[have] to leave …？など
㋒ **Sorry, but I have to …**（ごめん、でも…しなきゃ）　→　**提案・勧誘をする表現**
㋓ **Yes**, I'll be …　→　Will you …？のような**Yes / No疑問文の表現**

この形式では、「理由をたずねる」「誘っている」のように**大きな枠組みを把握することがポイント**です。

覚えておくべき応答と疑問文の定番の組み合わせ

［応答（選択肢）］	［予想される英語］
To do … / Because …など	**理由・目的**　Why …？ / How come …？ / What … for？など
Since … / For …など	**期間**　Since when …？ / How long …？など
That sounds good! / I'm afraid …など	**誘い**　What do you say to …？ / What about …？
Sure. / Why not? など	**お願い**　Would[Do] you mind …？ / Could you …？など
	※許可を聞く文、提案、依頼の文なども対応
Go ahead. / No problem.	**許可**　Can I …？ / Would you mind if I did …？など
Yes … / No …	Do you …？ / 許可を求める文 / 付加疑問文 など

考えてみようの解答　演習1の解答を参照ください。

演習

1 左ページを踏まえて英語を聞き、その応答として最もよく合っているものを選びなさい。 🔊 TRACK 020

ア Because I want to stay here.
イ I no longer need to leave.
ウ Sorry, but I have to go.
エ Yes, I'll be on leave soon.

2 左ページを参考にテーマを予想しなさい。その上で、それぞれどのような疑問文が対応するか予想して、（　　）を埋めなさい。その後英語を聞き、その応答として最もよく合っているものを選びなさい。 🔊 TRACK 021

① 　　　　　　　　　　　　　　　　　　　 対応する疑問文

ア For sightseeing.　　　　　➡（　　　　　　）'s the purpose of your visit?
イ I'm leaving tomorrow.　　➡（　　　　）（　　　　）are you going to stay here?
ウ It won't take long.　　　　➡Will it take long …?
エ Since last week.　　　　　➡Since when …?

①

② 　　　　　　　　　　　　　　　　　　　 対応する疑問文

ア I don't know them.　　　➡Do you know them?
イ No, go ahead.　　　　　➡Would you（　　　　　）if I …?
ウ Why not?　　　　　　　➡（　　　　　）I do …?
エ Yes, I do.　　　　　　　➡Do you …?

②

③ 　　　　　　　　　　　　　　　　　　　 対応する疑問文

ア I drove to the beach.　　➡（　　　　　）did you go?
イ I said I would.　　　　　➡Did you say that you would …?
ウ Sounds good.　　　　　➡（　　　　　）do you say to doing …?
エ You don't say!　　　　　➡Did you know …?

③

✔ CHECK
07講で学んだこと

☐ 音のひっかけ選択肢に注意する
☐ 応答を選ぶ形式の問題では、選択肢に対応する疑問文を考えて準備する
☐ 読み上げ文の特に冒頭の疑問詞などに注意する

08講　過去の出来事を聞き取ろう！

動作の描写問題 1

▶ ここからつなげる　ここからは、男女2人の会話文形式の問題を用いて、様々なテーマに対する準備の方法や重要フレーズを確認してきます。この講では問いが What did A do ...? と過去形になっている問題の準備の仕方を扱います。

考えてみよう

問いについて、対話の場面が日本語で書かれています。対話を聞き、問いの答えとして最も適切なものを選びなさい。 🔊 TRACK 022

状況　大学で、友人同士が話をしています。

問　What did the woman do?

㋐　She had the man pay for his coffee.

㋑　She left her wallet behind at home.

㋒　She offered to treat the man.

㋓　She returned the money to the man.

手順1　状況や問いから、誰の発言に特に注意すべきか探る

状況には、**会話のテーマのヒント**が書かれている場合があります。また、**問いの主語と時制**から、「誰の」「いつに関する発言」を特に注意して聞くべきかがわかります。今回は **What did the woman do?** なので、「女性」の「過去に行ったこと」に関する発言を注意して聞きましょう。

手順2　選択肢の同じところを見つけて、テーマのヒントを探る

選択肢の**同じところ**を見つけ、英語の**大まかな内容・テーマ**を探ります。今回は、主語が全て **She** で、さらに全てに**お金に関するフレーズ**が含まれています。また、㋐・㋒・㋓に **the man** が入っているので、**女性・男性・お金がテーマ**の英語だと予想できそうです。なお、㋒の **treat** /tríːt/ は（…におごる）を意味します。

手順3　選択肢の違うところを探して、聞き取りのポイントを予想する

内容が大きく異なる㋑を除くと、違うところは**お金に関する動詞部分**です。

㋐　... **had** the man **pay** for his coffee　　　男性に彼自身のコーヒー代を**支払わせた**

㋒　... **offered to treat** the man　　　男性に**おごると申し出た**

㋓　... **returned the money** to the man　　　男性に**お金を返した**

㋐と㋒は**支払う人が逆転**しています。この形式でも、**対の関係**になる選択肢は、**正解につながる聞き取りのポイント**となる可能性が非常に高いです。

➡ 1 〜 3 から、「**女性・男性のどちらがお金を払ったか**」が**聞き取りのポイント**だと予想できます。

過去の動作を問う形式の頻出パターン

この形式では、会話の中で**描写された複数の動作のうちの1つが正解になるパターン**や、**会話全体で1つの動作について描写するパターン**があります。前者は問いの条件に合う動作の選択肢を選び、後者は描写されていた動作を一言でまとめた選択肢を選びましょう。

[演][習]

1 左ページを踏まえて対話を聞き、問いの答えとして最も適切なものを選びなさい。 TRACK 023

状況　大学で、友人同士が話をしています。

問　What did the woman do?

㋐ She had the man pay for his coffee.

㋑ She left her wallet behind at home.

㋒ She offered to treat the man.

㋓ She returned the money to the man.

2 左ページを参考にテーマを確認した上で聞き取りのポイントを見つけ、(　　)に書きなさい。その後対話を聞き、問いの答えとして最も適切なものを選びなさい。 TRACK 024

① 状況　友人同士が休み時間に話をしています。

問　What did the man do?

㋐ He changed his email address.

㋑ He read the email correctly.

㋒ He saw the woman in Room 108.

㋓ He went to the wrong classroom.

[聞き取りのポイント] 部屋やメールが(　　　　　　　　)か(　　　　　　　　)か

①

② 状況　女性が衣類店で店員に話しかけています。

問　What happened to the woman?

㋐ She bought a big shirt.

㋑ She bought the wrong size.

㋒ She exchanged the shirt.

㋓ She forgot the receipt.

[聞き取りのポイント] どのような(　　　　　　　　)を買ったのか

②

✔ CHECK
08講で学んだこと

☐ 状況や問いから、誰の発言に特に注意すべきかを探る
☐ 複数の動作が描写されている会話では、問いの条件に合う動作の選択肢を選ぶ
☐ 1つの動作が描写されている会話では、動作を一言でまとめた選択肢を選ぶ

09講　これから何をするのかを聞き取ろう！

動作の描写問題[2]

[▶ここからつなげる] What will A do ...?のような、未来の動作について聞き取る問題の練習をしましょう。問いにwillやbe going to doが含まれている場合は、未来を表すフレーズを思い浮かべ、それらを探しながら聞くという意識を持つことが大切です。

考えてみよう

問いについて、対話の場面が日本語で書かれています。対話を聞き、問いの答えとして最も適切なものを選びなさい。 [TRACK 025]

状況　男女が友人について話をしています。

問　What will the man do after the conversation?

㋐ Ask the woman why Dave is in hospital

㋑ Give the woman a ride to the hospital

㋒ Prepare to leave the hospital

㋓ Visit his injured friend in hospital

[手順1] 状況や問いから、誰の発言に特に注意すべきか探る

状況に、**友人について**と大まかな**テーマ**が書かれています。さらに、**問いWhat will the man do …?**の**主語**と**時制**などから、「**男性**」の「**会話の後に（これから）すること**」に関する**発言が重要**とわかります。

[手順2] 選択肢の同じところを見つけて、テーマのヒントを探る

全ての選択肢に**hospital**が、㋑・㋒・㋓に**往来に関するフレーズ**が含まれています。また、問いから、選択肢の省略されている主語は**the man**だとわかります。**男性・病院への往来**が**テーマ**だと予想できそうです。

[手順3] 選択肢の違うところを探して、聞き取りのポイントを予想する

内容が大きく異なる㋐を除くと、違うところは「**誰が病院にいるのか**」と「**誰が病院へ行く〔を去る〕のか**」を表す**動詞部分**です。

㋑　友人が病院にいる？　＋　男性が**女性**を病院に送って行く

㋒　**男性**が病院にいる　＋　**男性**が退院の準備をする

㋓　**友人**が病院にいる　＋　**男性**がその友人を訪ねる

➡[手順1]～[手順3]から、「**男性と友人のどちらが病院にいるのか**」「**男性と女性のどちらが病院に行くのか**」が**聞き取りのポイント**だと予想できます。

この形式の場合、**会話の後半に出てくる情報のほうが重要**であることが多いです。

未来を表すフレーズ

この形式では、未来を表すフレーズが重要です。**I'm going to do … / I'll do … / I'm planning on doing … / I'm thinking of doing … / I'm about to do … / I'm on my way to do …**（…しにいくところだ）などが用いられている発言を意識して聞き取りましょう。

[考えてみよう]の解答　[演][習][1]の解答を参照ください。

(演)(習)

1 左ページを踏まえて対話を聞き、問いの答えとして最も適切なものを選びなさい。 🔊 TRACK 026

状況　男女が友人について話をしています。

問　What will the man do after the conversation?

㋐　Ask the woman why Dave is in hospital

㋑　Give the woman a ride to the hospital

㋒　Prepare to leave the hospital

㋓　Visit his injured friend in hospital

2 左ページを参考にテーマを確認した上で聞き取りのポイントを見つけ、(　　)に書きなさい。その後対話を聞き、問いの答えとして最も適切なものを選びなさい。 🔊 TRACK 027

① 状況　男性が女性に話しかけています。

問　What will the woman do after the conversation?

㋐　Get a movie ticket for herself

㋑　Go to a theater with the man

㋒　Record her favorite TV drama

㋓　Watch a drama with the man

聞き取りのポイント　女性は男性と(　　　　　　)を見るのか、または(　　　　　　)を見るのか

①

② 状況　友人同士が話をしています。

問　What is the boy likely to do next?

㋐　Apply for the same job as the girl

㋑　Quit his job at the supermarket

㋒　Start a job baking bread

㋓　Take over the manager's job

聞き取りのポイント　(　　　　　　　　)を始めるのか、辞めるのか＋どこで働く〔働いている〕のか

②

✔ CHECK
09講で学んだこと

☐ 問いの主語と時制から、誰のどのような発言に注意すべきかを探る
☐ 未来を表すフレーズを覚えておく

10講　含意されているこれからの行動について聞き取ろう！
動作の描写問題③

▶ **ここからつなげる** 引き続き What will A do ...? のような、未来の動作について聞き取る問題の練習です。この講では会話文内で明らかに未来を表すフレーズが登場しないパターンの対応方法について扱います。

考えてみよう

問いについて、対話の場面が日本語で書かれています。対話を聞き、問いの答えとして最も適切なものを選びなさい。　🔊 **TRACK 028**

状況　夫婦がスーパーで話をしています。

問　What are they likely to do next?

ア　Bag their vegetables

イ　Check the list

ウ　Get toilet paper

エ　Go home

手順1 状況や問いから、誰の発言に特に注意すべきか探る

問い **What are they likely to do next?** の**主語**と**時制**から、**2人が会話の後に何をしそうか**を聞き取ることになります。このような問いでは、特に**会話の最後に出てくるフレーズが正解と結びつく**ことが多いので、聞き逃さないようにしましょう。また**状況**から、大まかな**テーマ**は**スーパー**だとわかります。

手順2 選択肢から、テーマや聞き取りのポイントを予想する

状況と**問い**から、ア～エの**選択肢**は**スーパーで行うこと**を表していると考えられます。つまり、「**スーパーで何を行うか**」が**聞き取りのポイント**です。

手順3 選択肢が短くバラバラなら、全て会話に出てくると考えておく

今回の選択肢は**短くバラバラ**です。このように、選択肢に**動作や物などが列挙されている**場合、全ての選択肢と**類似した言い回しが会話文内で用いられている可能性が高い**ので、**内容を聞かずに音だけ聞いていると音のひっかけ選択肢にひっかかりやすい**です。頭の中で選択肢を読み上げておき、聞こえてくる音に備えた上で、内容を聞くようにしましょう。

 日常的にディクテーションをして聞き取れる音を増やしておくと、音のひっかけ選択肢にひっかかりづらくなりますよ。

未来を表すフレーズが用いられない場合

09講で扱った**未来を表すフレーズが用いられない**場合もあります。その際、複数の動作について述べられている場合は**最後に出てくる動作が正解と結びつきがち**です。また、**相手の提案に対して肯定的な返事をする**ことで、**次に行う動作を表す**こともあります。

Chapter 2

短い会話文問題 ― 10講 ▼ 動作の描写問題③

 演 習

1 左ページを踏まえて対話を聞き、問いの答えとして最も適切なものを選びなさい。 🔊 TRACK 029

状況　夫婦がスーパーで話をしています。

問　What are they likely to do next?

㋐　Bag their vegetables

㋑　Check the list

㋒　Get toilet paper

㋓　Go home

2 左ページを参考にテーマを確認した上で聞き取りのポイントを見つけ、（　　　）に書きなさい。その後対話を聞き、問いの答えとして最も適切なものを選びなさい。 🔊 TRACK 030

① 状況　女性が店員に話しかけています。

問　What is the woman likely to do first after this conversation?

㋐　Buy a toy

㋑　Have lunch

㋒　Take the elevator

㋓　Take the escalator

聞き取りのポイント　エスカレーターとエレベーターの（　　　　　）か

①

② 状況　学校で、友人同士が話をしています。

問　What is the boy likely to do first after this conversation?

㋐　Ask the teacher to change the deadline

㋑　Hand in his assignment to Mr. Hill

㋒　Stay at home to get over his cold

㋓　Try to finish his homework by tomorrow

聞き取りのポイント　男の子が（　　　　　）をどうするか

②

✔ CHECK
10講で学んだこと

□ 選択肢に動作や物が列挙されている場合、会話文内で全ての選択肢と類似した言い回しが用いられていることが多い
□ 最後に出てくる動作などが次に行う動作のヒントになることが多い

11講　会話を聞き取り、次にどんな発言が続くか考えよう！
発言を推測する問題

▶ここからつなげる　What will A say next?のように、会話の次に続く発言を推測する形式の問題の練習です。この形式では、会話内容全体を理解するのはもちろんのこと、特に最後の発言を聞き取り理解することがポイントとなります。

考えてみよう

問いについて、対話の場面が日本語で書かれています。対話を聞き、問いの答えとして最も適切なものを選びなさい。　🔊 TRACK 031

状況　友人同士が、予定について話をしています。

問　What is the girl likely to say next?

㋐　Can you change your schedule for us?

㋑　I'm looking forward to meeting you at that time.

㋒　OK. Let me know when you find out.

㋓　Then, I'll show you the movie later.

手順1　状況や問いから、誰の発言に特に注意すべきか探る

今回は状況内で「予定について」とテーマが言及されています。また、問いでWhat is the girl likely to say next?と女の子が次に言うことをたずねていますので、最後は相手の発言で終わっていると予想できます。そのため、最後の相手の発言を聞き逃さないことが重要です。

手順2　選択肢で近い内容のところを見つけて、テーマのヒントを探る

状況からテーマはわかっていますが、書かれていない場合は選択肢を読みましょう。㋐のschedule /skédʒuːl/「スケヂューゥ[ル]」（予定）、㋑のat that time、㋒のwhen、㋓のlaterのように予定や時間に関するフレーズが含まれているため、これがテーマだとわかります。

　scheduleは🇬🇧（イギリス英語）では「シェヂューゥ[ル]」のように発音されます。

手順3　選択肢の表す内容を大まかにとらえておく

選択肢の表す内容を、「誘っている」「頼んでいる」のように大まかにとらえておきましょう。その際、Then（それじゃあ）、OK（いいよ、わかった）のような相手の発言へのリアクションを見落とさないように注意です。

㋐　**Can you change** your schedule for us?
　➡　男の子の予定を変更するように**頼んでいる**

㋑　**I'm looking forward to meeting** ...
　➡　会うのを楽しみにしていると**伝えている**

㋒　**OK. Let me know** when you find out.
　➡　男の子の言ったことを**了承**し、わかったときに知らせてと**頼んでいる**

㋓　**Then, I'll show you** the movie later.
　➡　男の子の言ったことを**受けて**、後に映画を見せてあげると**提案している**

　時間のゆとりがあれば、直前にどのような発言があったかを考えてみましょう。

演習

1 左ページを踏まえて対話を聞き、問いの答えとして最も適切なものを選びなさい。 🔊 TRACK 032

状況　友人同士が、予定について話をしています。

問　What is the girl likely to say next?

㋐　Can you change your schedule for us?

㋑　I'm looking forward to meeting you at that time.

㋒　OK. Let me know when you find out.

㋓　Then, I'll show you the movie later.

2 左ページを参考に、テーマを予想しなさい。また、それぞれの選択肢の表す内容を大まかに予想し、（　　）に書きなさい。その後対話を聞き、問いの答えとして最も適切なものを選びなさい。 🔊 TRACK 033

① 状況　夫婦がリビングで話をしています。

問　What is the man likely to say next?　　　大まかな内容

㋐　He must have put it on the TV stand.　➡彼がそれを置いたと断言している

㋑　I saw him put it in the usual place.　➡彼がそれを置いたのを見たと報告している

㋒　I wish he would put things back in their place.

➡彼が物を置く場所について（　　　　）を言っている

㋓　Thank you for finding the TV remote control.

➡リモコンを見つけたことの（　　　）を言っている

①

② 状況　友人同士が学校で話をしています。

問　What is the girl likely to say next?　　　大まかな内容

㋐　Do you know another reason?　➡他の（　　　）をたずねている

㋑　Oh no, that's too bad.　➡同情している

㋒　So you got caught in the rain.　➡相手の発言をまとめている

㋓　Then how did you come today?　➡学校に来た（　　　）をたずねている

②

 ✔ CHECK
11講で学んだこと

☐ 次に続く発言を選ぶ形式の問題では、最後の発言を聞き逃さないことが重要
☐ 選択肢の表す内容を大まかにとらえておく

12講　2人が行うことや考えていることを聞き取ろう！
同意に関する問題 1

▶ここからつなげる　What will both A do ...? に代表されるような、2人が行うこと・考えていることを聞き取る問題の練習をしましょう。問いにbothが含まれる場合は、alsoなどの同意の表現を含む発言を聞き逃さないように注意が必要です。

考えてみよう

問いについて、対話の場面が日本語で書かれています。対話を聞き、問いの答えとして最も適切なものを選びなさい。　🔊 TRACK 034

状況　男性が女性に話しかけています。

問　What are both students going to do?

ア　Come to the next class on time

イ　Hand in their assignment by email

ウ　Send an email to the professor

エ　Visit the professor's laboratory

手順1　状況と問いから問題の特徴を探る

問いの主語が**both＋複数名詞**や**the two people**などの場合は、**1人が言ったことにもう1人が同意している箇所を聞き取る**ことが求められることが多いです。

手順2　選択肢で近い内容のところを見つけて、テーマのヒントを探る

選択肢を見てみると、アに the next class、イに their assignment、さらにウとエに professor が含まれることから、**学校に関することがテーマ**だとわかります。また、イとウの email から、**メールも関係する可能性が高い**と言えそうです。

手順3　選択肢の違うところを探して、聞き取りのポイントを予想する

違うところは**動詞部分**です。内容から、以下のように分類できます。

① どこかへ行く

　ア　Come to **the next class** on time　　次の授業に時間通りに行く

　エ　Visit **the professor's laboratory**　　教授の研究室を訪ねる

② メールを送る

　イ　**Hand in their assignment** by email　　メールで課題を提出する

　ウ　Send an email **to the professor**　　　教授にメールを送る

➡ 1～3から、「**2人が授業または教授の研究室に行くのか**」や「**2人がメールを送るのか**」が聞き取りのポイントとなりそうです。

よく用いられる同意の表現 ①

too / also / ... as well / So do I. などの表現は同意を表すときによく用いられ、これらのフレーズの前に述べられた行動が解答の根拠となります。今回のような形式では**複数の行動について言及されることが多い**ので、**同意の表現を聞き逃さない**ことがとても重要です。**1人だけが行う行動に関する選択肢にひっかからない**ように注意しましょう。

考えてみよう の解答　演習 1 の解答を参照ください。

[演][習]

1 左ページを踏まえて対話を聞き、問いの答えとして最も適切なものを選びなさい。 🔊 TRACK 035

状況　男性が女性に話しかけています。

問　What are both students going to do?

㋐　Come to the next class on time

㋑　Hand in their assignment by email

㋒　Send an email to the professor

㋓　Visit the professor's laboratory

2 左ページを参考にテーマを確認した上で聞き取りのポイントを見つけ、(　　)に書きなさい。その後対話を聞き、問いの答えとして最も適切なものを選びなさい。 🔊 TRACK 036

①　状況　友人同士が話をしています。

問　What do the two friends want to do regarding traveling?

㋐　Eat local food

㋑　Have unique experiences

㋒　See the beautiful sea

㋓　Visit popular places

[聞き取りのポイント]　2人が(　　　　　　　　)で何をするか

①

②　状況　男女が昨日の出来事について話をしています。

問　What did the two people do yesterday?

㋐　Changed their hairstyles

㋑　Left the company early

㋒　Talked to Eryn's son

㋓　Went to the shopping mall

[聞き取りのポイント]　2人が具体的に(　　　　　　　　)何をしたのか

②

✔ CHECK
12講で学んだこと

- ☐ 問いの主語がboth＋複数名詞などの場合、1人が言ったことにもう1人が同意している箇所を聞き取ることが重要
- ☐ 同意の表現を覚えておく
- ☐ 1人だけが行う行動に関する選択肢にひっかからないように注意する

13講　2人の意見が一致している箇所を聞き取ろう！
同意に関する問題②

▶ **ここからつなげる** What do the two people agree about? のような、同意している箇所を聞き取る問題の練習をしましょう。**12講**で確認したフレーズに加え、さらに意見が一致している際に用いられる表現も学習します。

考えてみよう

問いについて、対話の場面が日本語で書かれています。対話を聞き、問いの答えとして最も適切なものを選びなさい。　🔊 **TRACK 037**

状況　男女が演劇フェスティバルについて話をしています。

問　What do the two people agree about?

- ㋐　They can improve their performance.
- ㋑　They can perform a play twice a day.
- ㋒　They need a room for the drama festival.
- ㋓　They should increase their practice time.

手順1 状況と問いから問題の特徴などを探る

状況から**演劇フェスティバル**という**テーマ**がわかります。また、今回のように、**問いに agree が含まれる場合**でも、**12講**同様、**同意している箇所を聞き取る**ことが求められます。

手順2 選択肢で近い内容のところを見つけて、テーマのヒントを探る

今回はすでに状況から**テーマ**がわかっていますが、書かれていない場合は**選択肢の同じところ**を探しましょう。例えば㋐の performance、㋑の perform a play、㋒の the drama festival から**演劇**に関することだとわかります。

手順3 選択肢の違うところを探して、聞き取りのポイントを予想する

違うところは演劇フェスティバルに向けて行うこと、または当日のことを表す動詞部分です。

① 演劇フェスティバルに向けて行うこと
- ㋐　… can **improve** their performance　　演技を**改善する**ことができる
- ㋓　… should **increase** their practice time　練習の時間を**増やすべき**

② 演劇フェスティバル当日のこと
- ㋑　… can **perform** a play twice a day　　1日に2回演劇を行うことができる
- ㋒　… **need a room** for the drama festival　演劇フェスティバルのための**部屋が必要**

➡ **手順1**〜**手順3**から、「**演劇フェスティバルまでにすべきこと**」または「**当日に求められること**」が聞き取りのポイントとなりそうです。

よく用いられる同意の表現②

12講で見た以外にも、同意の表現には（Yeah,）that's right［true］. / I like it. / I'm with you. / Absolutely. / Exactly. / I couldn't agree more. / I was just going to say that. / You can say that again. などがあります。**これらのフレーズの直前の発言**がポイントです。

1 左ページを踏まえて対話を聞き、問いの答えとして最も適切なものを選びなさい。 🔊 TRACK 038

状況　男女が演劇フェスティバルについて話をしています。

問　What do the two people agree about?

㋐ They can improve their performance.

㋑ They can perform a play twice a day.

㋒ They need a room for the drama festival.

㋓ They should increase their practice time.

2 左ページを参考にテーマを確認した上で聞き取りのポイントを見つけ、（　　　）に書きなさい。その後対話を聞き、問いの答えとして最も適切なものを選びなさい。 🔊 TRACK 039

① 状況　夫婦がホテルで話をしています。

問　What do the two people agree about?

㋐ They enjoyed the meal at the hotel.

㋑ They expected a larger bathroom.

㋒ They have a problem with the shower.

㋓ They love views from high places.

聞き取りのポイント　（　　　　　　　　　）の何が好きだったのか、または何が不満だったのか

①

② 状況　友人同士が話をしています。

問　What do the two people agree about?

㋐ The jacket doesn't match the tie.

㋑ The jacket is suitable for the party.

㋒ The shoes are too casual.

㋓ The shoes fit the man well.

聞き取りのポイント　ジャケットが（　　　　　　　　　）や場に合うか
　　　　　　　　　＋（　　　　　　　　　）が男性や場に合うか

②

✔ CHECK
13講で学んだこと

☐ 問いにagreeが含まれている場合、同意している箇所を聞き取ることが重要
☐ 同意の表現を覚えておく
☐ 同意の表現の直前の発話がポイントになる

14講　場所を表すヒントを聞き取ろう！

場所・場面を把握する問題

▶ここからつなげる　Where does this conversation take place?のような、会話が行われている場所を選ぶ問題の練習をします。正解の場所に関係するフレーズが複数回登場しますので、それを聞き逃さないようにしましょう。

考えてみよう

問いについて、対話の場面が日本語で書かれています。対話を聞き、問いの答えとして最も適切なものを選びなさい。🔊 TRACK 040

状況　女性が男性に話しかけています。

問　Where does this conversation take place?

- ㋐　At a clothes store
- ㋑　At a company
- ㋒　At a shoe store
- ㋓　At a wedding hall

手順1　状況や問いから問題の特徴・テーマ・聞き取りのポイントなどを探る

問いでWhere does this conversation take place?のように、**会話が行われている場所**が問われている場合は、会話文内に登場する**場所に関係するフレーズ**を聞き取り、判断することが求められています。なお、この形式では、**会話が行われている場所**が**テーマ・聞き取りのポイント**です。

手順2　選択肢の場所に関係するフレーズを考える

選択肢に登場する**それぞれの場所に関係する単語やフレーズ**を考えておきましょう。そうすることで、**会話文内に登場する重要情報を集めやすく**なります。

- ㋐　At a clothes store　➡　clothes、wear（…を着る）、try on（…を試着する）など
- ㋑　At a company　➡　work、located in（…に位置している）など
- ㋒　At a shoe store　➡　shoes、fit（…にサイズが合う）など
- ㋓　At a wedding hall　➡　wedding、dress など

 場所を特定する問題は、いわば**連想ゲーム**のようなものです。読み上げられる英語内の場所のヒントとなるフレーズを拾い集めて、場所を特定しましょう。

場所を問う問題の選択肢

この形式では、**全ての選択肢に使われている語と類似した音の語が会話文中に登場する**ことが非常に多いです。そのため、聞こえてきた音だけで選択肢に飛びついてしまうと間違えてしまいます。このような**音のひっかけ選択肢**にひっかからないようにするためには、**日ごろからディクテーションを行って聞き取れる音を増やしておき、内容を聞けるように**することが重要です。

演習

演習 の解答 ➡ 別冊 P.18

1 左ページを踏まえて対話を聞き、問いの答えとして最も適切なものを選びなさい。 TRACK 041

状況　男性が女性に話しかけています。

問　Where does this conversation take place?

(ア) At a clothes store

(イ) At a company

(ウ) At a shoe store

(エ) At a wedding hall

2 左ページを参考に各選択肢に関係する単語やフレーズを予想しなさい。その後対話を聞き、問いの答えとして最も適切なものを選びなさい。（※関係する単語やフレーズは必要に応じて MEMO に書き込み可。） TRACK 042

① 状況　男性が女性に話しかけています。

問　Where does this conversation take place?

MEMO

(ア) At a department store　➡ _____

(イ) At a hospital　➡ _____

(ウ) At a hotel　➡ _____

(エ) At a restaurant　➡ _____

①

② 状況　男性が女性に話しかけています。

問　Where does this conversation take place?

MEMO

(ア) At a cafe　➡ _____

(イ) At a delivery company　➡ _____

(ウ) At a furniture shop　➡ _____

(エ) At a real-estate company　➡ _____

②

✔ CHECK
14講で学んだこと

☐ 会話が行われている場所を選ぶ形式の問題では、場所に関係するフレーズを聞き取ることが重要
☐ 選択肢の場所に関係するフレーズを考えておく
☐ 音のひっかけ選択肢にひっかからないように注意する

15講 問題点を把握する問題

困っていること・できないことを聞き取ろう！

▶ ここからつなげる　What is A's problem? のような、会話文内の登場人物が困っていること・できないことを聞き取る練習をします。「…できない」という発言が解答の根拠となることが多いため、否定表現を含む箇所を注意して聞き取りましょう！

考えてみよう

問いについて、対話の場面が日本語で書かれています。対話を聞き、問いの答えとして最も適切なものを選びなさい。 🔊 TRACK 043

状況　友人同士が、外を見ながら話をしています。

問　What is the boy's problem?

- ㋐ He didn't check the weather report.
- ㋑ He doesn't know which direction to go in.
- ㋒ He has to go home without an umbrella.
- ㋓ He has to share his umbrella with the girl.

手順 1 **状況や問いから問題の特徴などを探る**

状況から、**外（を見ながら）**が**テーマ**だとわかります。また、**What is A's problem?** のように課題・問題をたずねる**問い**の場合は、**誰に関する問題なのか**を**主語**から確認しましょう。今回は**男の子が困っていること**について聞き取ることになります。

手順 2 **選択肢で近い内容のところを見つけて、テーマのヒントを探る**

状況内に書かれている**テーマ**に加え、㋐の the weather report（天気予報）や㋒・㋓の umbrella（傘）から、**傘や天気（雨）が関係**しているようです。

手順 3 **選択肢の違うところを探して、聞き取りのポイントを予想する**

㋑以外は全て**天気が関係**していることで、違うところは、**時制と動詞部分**です。

① 過去のこと

　㋐ … **didn't check** the weather report　　　天気予報を**確認しなかった**

② これからのこと

　㋒ … has to **go home without an umbrella**　　**傘なしで家に帰ら**なければならない

　㋓ … has to **share his umbrella** with the girl　女の子と**傘を一緒に使わ**なければならない

㋓は his umbrella なので男の子は**傘を持っています**が、㋒は**傘を持っていない**という点が対の関係になっているので、ここが**聞き取りポイントである可能性が高い**です。

➡ 手順1〜手順3から、「**男の子は傘を持っているのか**」が**聞き取りのポイント**となりそうです。

困っていることを表すフレーズ

この形式では **I can't do … / I'm trying to do … but 〜 / I have to do … / I have no choice but to do …**（…するしかない）と自ら課題を説明する場合と、もう1人の登場人物が **You can't …** のように課題を説明する場合があります。**否定的な内容を含む発言に注意**です。

　考えてみよう の解答　演習 1の解答を参照ください。

演習の解答 ➡ 別冊 P.19

1 左ページを踏まえて対話を聞き、問いの答えとして最も適切なものを選びなさい。 🔊 TRACK 044

状況　友人同士が、外を見ながら話をしています。

問　What is the boy's problem?

㋐　He didn't check the weather report.

㋑　He doesn't know which direction to go in.

㋒　He has to go home without an umbrella.

㋓　He has to share his umbrella with the girl.

2 左ページを参考にテーマを確認した上で聞き取りのポイントを見つけ、(　　　)に書きなさい。その後対話を聞き、問いの答えとして最も適切なものを選びなさい。 🔊 TRACK 045

① 状況　男性が女性に話しかけています。

問　What is the woman's problem?

㋐　She has broken all the glasses she had.

㋑　She hasn't ordered new glasses yet.

㋒　The glasses are too weak for her eyes.

㋓　The glasses don't suit her well.

聞き取りのポイント　女性は(　　　　　　)の何に困っているのか

①

② 状況　夫婦が話をしています。

問　What is the woman's problem?

㋐　She bought a sweater with a hole in it.

㋑　She can't find her favorite sweater.

㋒　She can't fix the sweater properly.

㋓　She has too many old clothes.

聞き取りのポイント　女性は(　　　　　　)の何に困っているのか

②

✔ CHECK
15講で学んだこと

☐ 課題・問題がたずねられている場合、誰に関する問題なのかを確認する
☐ 自ら課題を説明する場合と、もう１人が課題について説明する場合がある
☐ 否定的な内容を含む発言を聞き逃さない

16講　心配に思っていることを聞き取ろう！

心配事や不安を把握する問題

▶ここからつなげる　What is A worried about? のような、登場人物が心配に思っていることなどを聞き取る練習をします。「…が心配だ」を表すフレーズが用いられている場合が多いので、フレーズを覚えて対応できるようにしましょう。

考えてみよう

問いについて、対話の場面が日本語で書かれています。対話を聞き、問いの答えとして最も適切なものを選びなさい。 🔊 TRACK 046

状況　友人同士が大学で話をしています。

問　What is the man worried about?

- ㋐　Being late for a job interview
- ㋑　Failing to make a good impression
- ㋒　Leaving home too late tomorrow
- ㋓　Not being ready for an interview

手順1 状況や問いから問題の特徴などを探る

状況から**大学での会話**だとわかります。また、**問いの主語も必ず確認**しましょう。今回は**男性の心配していること**について聞き取ることになります。

手順2 選択肢で近い内容のところを見つけて、テーマを探る

状況と、㋐と㋓の a[an] (job) interview（就職面接）、㋑の make a good impression（良い印象を与える）から、**大学生である男性が就職面接についての心配事を話している**ことが予想されます。また、㋐と㋒に late が含まれるため、**遅刻もテーマ**のようです。

手順3 選択肢の違うところを探して、聞き取りのポイントを予想する

今回の選択肢は、**面接の前のことか最中のことか**で分けることができます。

① 面接の前のこと
- ㋐　**Being late for** a job interview　　　就職面接**に遅れる**こと
- ㋒　**Leaving home too late** tomorrow　　明日**家を出るのが遅すぎる**こと
- ㋓　**Not being ready** for an interview　　面接の**準備ができていない**こと

② 面接の最中のこと
- ㋑　**Failing to make a good impression**　良い印象を**与えられない**こと

➡ 1 ～ 3 から、「**面接の前のこと（遅刻、準備が不十分なこと）**」または「**面接の最中に与える印象のこと**」が聞き取りのポイントとなりそうです。

心配・不安を表すフレーズ

この形式では、I'm worried about[that] … / I'm anxious about[that] … / I'm not sure … / I'm concerned about[that] … / I can't help[stop] thinking about[that] …（…を考えずにはいられない）/ I'm afraid of[that] … / What if …? などに続く内容を注意して聞き取りましょう。

演習

1 左ページを踏まえて対話を聞き、問いの答えとして最も適切なものを選びなさい。 🔊 TRACK 047

状況　友人同士が大学で話をしています。

問　What is the man worried about?

㋐ Being late for a job interview

㋑ Failing to make a good impression

㋒ Leaving home too late tomorrow

㋓ Not being ready for an interview

2 左ページを参考にテーマを確認した上で聞き取りのポイントを見つけ、（　　　）に書きなさい。その後対話を聞き、問いの答えとして最も適切なものを選びなさい。 🔊 TRACK 048

① 状況　友人同士が話をしています。

問　What is the man concerned about?

㋐ A presentation at work

㋑ A self-introduction at work

㋒ The participants on a camping trip

㋓ Tomorrow's weather

聞き取りのポイント 男性の（　　　　　　　）やキャンプについての心配事

①

② 状況　友人同士が話をしています。

問　What is the woman worried about?

㋐ Being invited to Nora's party

㋑ Bringing Nora to the party

㋒ Choosing a present for Nora

㋓ Cooking something for the party

聞き取りのポイント 女性が（　　　　　　　）に何を持っていくかについての心配事

②

✔ CHECK
16講で学んだこと

☐ 心配事がたずねられている問いの場合も、問いの主語を確認する
☐ 心配・不安を表すフレーズを覚えておく

17講 「なぜ？」「どうして？」を聞き取ろう！

理由・目的を把握する問題

▶ ここからつなげる　Why is A in a bad mood? のような、行動や感情の理由・目的を聞き取る練習をします。「なぜなら…」や「…するため」を表すフレーズが用いられることが基本なので、覚えて聞き取れるようにしましょう！

考えてみよう

問いについて、対話の場面が日本語で書かれています。対話を聞き、問いの答えとして最も適切なものを選びなさい。 🔊 TRACK 049

状況　親子が話をしています。

問　Why did the girl fail to ask for Mr. Taylor's phone number?

(ア) Mr. Taylor ended the call right away.

(イ) Mr. Taylor said he would call again.

(ウ) She had a bad connection.

(エ) She thought her father knew it.

手順1 状況や問いから問題の特徴などを探る

問いで Why ...? や How come ...? のように理由が問われている場合、**問いの主語**と何の理由を聞き取るのか、つまり**テーマとなる具体的な出来事**を確認しましょう。今回は**女の子がテイラーさんの電話番号を聞き損ねたこと**がテーマのようです。

手順2 選択肢の違うところを探して、聞き取りのポイントを予想する

問いの中に書かれているテーマを踏まえて**選択肢**を読むと、**主語**と**動詞部分**が違うところだとわかります。

① Mr. Taylor が主語

(ア) ... **ended** the call **right away**.　電話をすぐに切った。

(イ) ... said **he would call again**.　また電話すると言った。

② She が主語

(ウ) ... had a bad connection.　電波が悪かった。

(エ) ... thought **her father knew it**.　お父さんが電話番号を知っていると思った。

➡ 1 + 2 から、女の子がテイラーさんの電話番号を聞き損ねたのは「**テイラーさんと女の子のどちらが原因か**」が聞き取りのポイントとなりそうです。

理由・目的を表すフレーズ

この形式では、登場人物が自ら理由を述べる場合は、**I can't do ...** などの否定文に続くフレーズ／**(This is) because ...** ／**...（理由）, so ～（結果）** ／**due to ...** ／**because of ...** ／**for doing ...** などが使われ、目的を述べる場合には**(in order) to do ...** ／**so that ...** などがよく使われます。これらの**フレーズの後ろ**に注意が必要です。また、**会話相手の Oh, that's why ...** のような発言から、その前の発言が理由だとわかる場合もあります。

1 左ページを踏まえて対話を聞き、問いの答えとして最も適切なものを選びなさい。 🔊TRACK 050

状況　親子が話をしています。

問　Why did the girl fail to ask for Mr. Taylor's phone number?

㋐　Mr. Taylor ended the call right away.

㋑　Mr. Taylor said he would call again.

㋒　She had a bad connection.

㋓　She thought her father knew it.

2 左ページを参考にテーマを確認した上で聞き取りのポイントを見つけ、（　　　）に書きなさい。その後対話を聞き、問いの答えとして最も適切なものを選びなさい。 🔊TRACK 051

① 状況　友人同士が話をしています。

問　Why should the man change his schedule?

㋐　He has to meet his parents.

㋑　He will spend time with his sister.

㋒　The woman has a meeting.

㋓　The woman wants to relax at home.

聞き取りのポイント　男性が（　　　　　　　　）を変更するのは、男性（の親・妹）が原因か、
（　　　　　　　　）が原因か

①

② 状況　友人同士が学校で話をしています。

問　Why will the boy come to school early tomorrow morning?

㋐　To give a presentation.

㋑　To help his teacher.

㋒　To make a list.

㋓　To prepare for class.

聞き取りのポイント　男の子が学校に（　　　　　　　　）来る目的は何か

②

✔ CHECK
17講で学んだこと

☐ 理由・目的が問われている場合も、問いの主語とテーマとなる出来事を確認する

☐ 登場人物が自ら理由を述べる場合と、相手の発言から類推して理由がわかる場合がある

18講　何かを行う手段や交通手段を聞き取ろう！
手段・方法を把握する問題

▶ **ここからつなげる** How will A get to ...? のような交通手段や、何かを行う手段を聞き取る練習をしましょう。交通手段や手段などは、基本的に by ... を用いて説明されます。会話の後半に来る情報のほうが重要であることが多いのもポイントです。

考えてみよう

問いについて、対話の場面が日本語で書かれています。対話を聞き、問いの答えとして最も適切なものを選びなさい。 🔊 **TRACK 052**

状況　友人同士が旅行について話をしています。

問　How will they travel to New York?

- ㋐　By bus
- ㋑　By car
- ㋒　By plane
- ㋓　By train

手順1　状況・問いから問題の特徴・テーマ・聞き取りのポイントを探る

How will A travel [go / get] to ...? のように**移動する際の交通手段**が問われている場合は、**問いの主語や目的地などを確認**しておきましょう。今回は、**問いと状況から2人がニューヨークへ行く（旅行する）ことがテーマ**の英語で、ニューヨークへ行く交通手段が聞き取りのポイントのようです。go / get / travel to New York のような**フレーズが会話文内に登場**することも予想できます。

 How did A ...? のように**動作などの方法を問う**場合も、**問いの中にテーマとなる具体的行動が含まれる**ので必ず確認しましょう。

手順2　選択肢を確認し、言い換えを考える

今回の**選択肢は4種類の交通手段**で構成されていますので、これが**聞き取りのポイント**となります。**正解となる選択肢は会話文内のフレーズを言い換えてある**ことが多いので、それぞれの交通手段を表す**他の言い回しや関連するフレーズ**を考えておきましょう。

- ㋐　By bus　　➡ take a bus
- ㋑　By car　　➡ drive to（…まで運転する）
- ㋒　By plane　➡ by air、fly to（…まで飛行機で行く）
- ㋓　By train　➡ by rail /reil/「レイゥ[ル]」、take a train

手段や方法に関する問題の会話パターン

手段や方法に関する会話では、選択肢で用いられている**複数の手段について言及される**パターンが多いです。「Aはどう？」「Aは…の理由でだめ」「Bはどう？」…のように、**提案と拒否を繰り返し、最後に出てきた提案を受け入れる**という話の展開が多いため、**特に最後に出てくる情報**に注意しましょう。

1 左ページを踏まえて対話を聞き、問いの答えとして最も適切なものを選びなさい。 🔊 TRACK 053

状況　友人同士が旅行について話をしています。

問　How will they travel to New York?

ⓐ　By bus

ⓘ　By car

ⓤ　By plane

ⓔ　By train

2 左ページを参考に各選択肢の言い換えを考え、（　　）に書きなさい。その後対話を聞き、問いの答えとして最も適切なものを選びなさい。 🔊 TRACK 054

状況　道で女性が男性に話しかけています。

問　How will the woman get to the hospital?

ⓐ　By bus　➡（　　言い換え　　）a bus

ⓘ　By taxi　➡（　　　　　　）a taxi

ⓤ　By train　➡（　　　　　　）a train

ⓔ　On foot　➡（　　　　　　）

3 状況・問・選択肢を見てテーマを確認した上で聞き取りのポイントを見つけ、（　　）に書きなさい。その後対話を聞き、問いの答えとして最も適切なものを選びなさい。 🔊 TRACK 055

状況　友人同士が学校で話をしています。

問　How will the boy get the book?

ⓐ　He will ask Kenny to lend it to him.

ⓘ　He will borrow it from the girl.

ⓤ　He will borrow it from the library.

ⓔ　He will buy it at the bookstore.

聞き取りのポイント　男の子が誰・どこから本を（　　　　　　）か、または本を買うか

✔ CHECK
18講で学んだこと

□ 交通手段が問われている場合、問いの主語と目的地などを確認する
□ 交通手段を表す他の言い回しや関連するフレーズを考えておく
□ 手段や方法に関する会話では、複数の手段について提案と拒否が繰り返され、最後の提案を受け入れる展開が多い

Chapter **2**

短い会話文問題 ── 18講 ▼ 手段・方法を把握する問題

19講 「いつ〜？」を聞き取ろう！

日時を聞き取る問題

▶ ここからつなげる　When ...?で始まる問いに対応し、時間・曜日・日付などを聞き取る練習をしましょう。時間を表す際に用いられる前置詞や、時間の特有の言いかたなどにも慣れておく必要があります。

考えてみよう

問いについて、対話の場面が日本語で書かれています。対話を聞き、問いの答えとして最も適切なものを選びなさい。 🔊 TRACK 056

状況　男性が歯医者に電話をしています。

問　What time will the man see the dentist?

- ㋐ 11:00 a.m.
- ㋑ 1:00 p.m.
- ㋒ 3:00 p.m.
- ㋓ 4:00 p.m.

手順1 状況・問いから問題の特徴・テーマ・聞き取りのポイントを探る

What time［When］...?のように日時が問われている場合は、問いの主語や（書かれている場合は）テーマとなる具体的な出来事を確認しておきましょう。今回は、状況と問いから、テーマは男性が歯医者に行く予約を取っている電話で、何時に予約したのかが聞き取りのポイントとなりそうです。

手順2 選択肢を頭の中で英語で読み上げておく

選択肢が全て日時を表す場合は、選択肢を頭の中で英語で読み上げて準備をしておきましょう。特に、時刻のように数字が登場する場合は一度読み上げておくと、聞こえてくる音に備えることができるため、聞き取りやすくなります。日時を表すフレーズを覚えておき、これらのフレーズを待ち構えながら聞きましょう。

日時を表すフレーズ

時刻は at ... や it's ... を用いて表します。具体的な時刻は, 3時ちょうど：3 o'clock、3 in the afternoon / 3時15分：three fifteen、(a) quarter past three（3時を15分過ぎて）/ 3時30分：three thirty、half past three（3時を30分過ぎて）/ 3時45分：three forty-five、(a) quarter to four（4時まで15分）/ お昼の12時：twelve p.m.、noon（正午）のようにバリエーションがあることも覚えておきましょう。なお、時刻として用いられる場合 quarter は（15分）、half は（30分）、past は（〜を過ぎて）、to は（〜まで）を意味します。その他にも on ＋曜日・日付 / in ＋月・季節・年 / in 10 minutes（今から10分後に）などもよく使われるフレーズです。

この形式でも手段・方法と同じように、複数の日時について言及されるパターンが多いです。「Aはどう？」「Aは…の理由でだめ」「Bはどう？」…のように、提案と拒否を繰り返し、最後に出てきた提案を受け入れるという話の展開が多いため、特に最後に出てくる情報に注意しましょう！

演習

1 左ページを踏まえて対話を聞き、問いの答えとして最も適切なものを選びなさい。 🔊 **TRACK 057**

状況　男性が歯医者に電話をしています。

問　What time will the man see the dentist?

ⓐ　11:00 a.m.

ⓘ　1:00 p.m.

ⓤ　3:00 p.m.

ⓔ　4:00 p.m.

2 左ページを参考にテーマを確認し、(　　)に書きなさい。次に各選択肢の読みかたを英語で考え、(　　)に書きなさい。その後対話を聞き、問いの答えとして最も適切なものを選びなさい。 🔊 **TRACK 058**

① 状況　友人同士がバス停で話をしています。

問　When will their bus leave?

読みかた

ⓐ　3:10　➡three ten、ten (　　　　) three

ⓘ　3:15　➡three fifteen、(a) quater (　　　　) three

ⓤ　3:25　➡three twenty-five

ⓔ　4:05　➡four five、five (　　　　) four

テーマ (　　　　　　　　)の出発時刻について

①

② 状況　友人同士が駅で話をしています。

問　What time will their train leave?

読みかた

ⓐ　9:50　➡nine fifty、ten (　　　　) ten

ⓘ　10:05　➡ten five、five (　　　　) ten

ⓤ　10:20　➡ten twenty

ⓔ　12:00　➡(　　　　)、midday、twelve p.m.

テーマ (　　　　　　　　)の出発時刻について

②

✔ CHECK
19講で学んだこと

☐ 日時が問われている場合、問いの主語と具体的な出来事を確認する
☐ 選択肢の日時を頭の中で英語で読み上げて準備しておく
☐ 日時に関する会話では、複数の日時について提案と拒否を繰り返し、最後の提案を受け入れる展開が多い

20講　感情を表す形容詞などを聞き取ろう！

感想を聞き取る問題

▶ここからつなげる　How does A feel about ...?のように、何かに対する感想を聞き取る練習をしましょう。I thought ...のようなフレーズや、感情を表す形容詞などがよく用いられることに注意です。

考えてみよう

問いについて、対話の場面が日本語で書かれています。対話を聞き、問いの答えとして最も適切なものを選びなさい。 🔊 TRACK 059

状況　友人同士でキャンプをしています。

問　How does the man feel about camping?

- ㋐ He doesn't think it's enjoyable.
- ㋑ He wants to start hiking soon.
- ㋒ It is more fun than he expected.
- ㋓ It isn't his favorite outdoor activity.

手順1　状況・問いから問題の特徴・テーマ・聞き取りのポイントを探る

How does A feel about ...?のように感想が問われている場合は、問いの主語とaboutの後ろをチェックし、「誰の」「何に対する感想」を注意して聞くべきか確認しておきます。今回はキャンプがテーマで、これに対する感想が聞き取りのポイントとなりそうです。

手順2　選択肢を「肯定的」か「否定的」かで分けておく

この形式の選択肢はテーマに対して肯定的な感想と否定的な感想の両方が含まれていることが多いので、事前に分類しておくと選択肢が絞りやすくなります。また、選択肢に含まれるキーフレーズやその言い換えは会話の中にも出てくる可能性が高いのでチェックしておきましょう。

① 肯定的な感想

- ㋑ He wants to **start hiking** soon.　　彼はすぐに**ハイキングを始め**たい。
- ㋒ It is **more fun than he expected**.　　キャンプは**彼が思っていたよりも楽しい**。

② 否定的な感想

- ㋐ He **doesn't think it's enjoyable**.　　彼は**キャンプを楽しいと思わない**。
- ㋓ It **isn't his favorite outdoor activity**.　　キャンプは**彼の好きなアウトドア活動ではない**。

特に㋐（・㋓）と㋒の「**キャンプが楽しい・楽しくない**」のように、**対の関係になっている選択肢**がある場合は、それも**聞き取りのポイント**となります。

感想を表すフレーズ

At first, I thought ... but 〜やI like it.のように「…と思った」や「好き・嫌い」を表すフレーズや、great / niceなどの感情・感想を表す形容詞に注意しましょう。また、この形式では「最初はAだと思ったが、今はBだと思う」という展開が多いです。そのため、特にbut、howeverの後ろのフレーズや、nowなどの「今」を強調する表現の後ろのフレーズには注意が必要です。

考えてみよう の解答　演習 ❶の解答を参照ください。

[演][習]の解答 ➡ 別冊P.25

[演][習]

1 左ページを踏まえて対話を聞き、問いの答えとして最も適切なものを選びなさい。 TRACK 060

状況　友人同士でキャンプをしています。

問　How does the man feel about camping?

㋐ He doesn't think it's enjoyable.

㋑ He wants to start hiking soon.

㋒ It is more fun than he expected.

㋓ It isn't his favorite outdoor activity.

[　　　　]

2 左ページを参考にテーマを確認した上で聞き取りのポイントを見つけ、(　　)に書きなさい。また、各選択肢が肯定的な感想(+)か、否定的な感想(−)か選びなさい。その後対話を聞き、問いの答えとして最も適切なものを選びなさい。 TRACK 061

① 状況　男女がレストランで話をしています。

問　How does the man feel about the steak?

		肯定・否定
㋐ It's big enough.	➡	+ / −
㋑ It's not tasty.	➡	+ / −
㋒ It's small.	➡	+ / −
㋓ It's too tender.	➡	+ / −

[聞き取りのポイント] ステーキの(　　　　　　　　)がどうなのか

[①　　　　]

② 状況　友人同士が話をしています。

問　How does the girl feel about the concert?

		肯定・否定
㋐ She doesn't want to play the guitar.	➡	+ / −
㋑ She has practiced enough for the concert.	➡	+ / −
㋒ She wants more time to prepare.	➡	+ / −
㋓ She will be nervous on the stage.	➡	+ / −

[聞き取りのポイント] (　　　　　　　　)する時間が十分にあったかどうか

[②　　　　]

✔ CHECK
20講で学んだこと

☐ 感想が問われている場合、問いの主語と「何に関する感想か」を確認する
☐ 選択肢を肯定的な感想と否定的な感想に分類しておく
☐ but, howeverに続くフレーズや、「今」を強調する表現に続くフレーズに注意する

21講　「…すべき」を聞き取ろう！

提案を聞き取る問題

▶ここからつなげる　What does A suggest ...?のように、会話内でなされた提案を聞き取る練習をします。定番のYou should do ...の他にも、提案する際によく用いられるフレーズはたくさんあります。しっかり覚えて、聞き逃さないようにしましょう。

考えてみよう

問いについて、対話の場面が日本語で書かれています。対話を聞き、問いの答えとして最も適切なものを選びなさい。　🔊 TRACK 062

状況　夫婦が話をしています。

問　What does the woman suggest that the man do?
- ㋐　Look at the newspaper carefully
- ㋑　Record the soccer game next time
- ㋒　Show the newspaper to her
- ㋓　Watch the soccer game his friend recorded

手順1　状況や問いから問題の特徴などを探る

What does A suggest ...?のような問いでは、「誰が」「誰に」提案しているのかが重要です。今回は、「女性が」「男性に」提案していることから、**女性の発言に注意して聞き取る**必要があります。

手順2　選択肢の同じところを見つけて、テーマのヒントを探る

選択肢㋐と㋒に the newspaper、㋑と㋓に the soccer game、record /rikɔ́:rd/「ゥリコー（ド）」(…を録画する)が含まれているので、**新聞・サッカーの試合・録画がテーマ**だとわかります。

手順3　選択肢の違うところを探して、聞き取りのポイントを予想する

違うところは**動詞部分**で、「新聞」「サッカーの試合」に着目して分類することができます。
① 新聞について
- ㋐　**Look at** the newspaper **carefully**　　　新聞を注意深く見る
- ㋒　**Show** the newspaper to her　　　新聞を彼女に**見せる**
② サッカーの試合について
- ㋑　**Record** the soccer game **next time**　　　次はサッカーの試合を**録画する**
- ㋓　**Watch** the soccer game his friend **recorded**　彼の友人が**録画した**サッカーの試合を**見る**

㋐と㋒、そして㋑と㋓は**対の関係**になっていることがわかります。
➡ 1 〜 3 から、「新聞を見るのか、見せるのか」や「サッカーの試合を録画したのか、録画するのか」が**聞き取りのポイント**となりそうです。

提案を表すフレーズ

You should[could] do ... / You need to do ... / You might want to do ... / Why don't you do ...? / Why not do ...? / What[How] about ...?などに**続く**フレーズに注意しましょう。この形式も、**複数出された提案の中で最後の提案が正解につながる**ことが多いです。

演習

1 左ページを踏まえて対話を聞き、問いの答えとして最も適切なものを選びなさい。 🔊 TRACK 063

状況　夫婦が話をしています。

問　What does the woman suggest that the man do?

ア　Look at the newspaper carefully

イ　Record the soccer game next time

ウ　Show the newspaper to her

エ　Watch the soccer game his friend recorded

2 左ページを参考にテーマを確認した上で聞き取りのポイントを見つけ、（　　　）に書きなさい。その後対話を聞き、問いの答えとして最も適切なものを選びなさい。 🔊 TRACK 064

① 状況　友人同士が話をしています。

問　What does the boy suggest that the girl do?

ア　Buy earplugs on the Internet

イ　Listen to music while studying

ウ　Not worry about the noise

エ　Shut the windows tightly

聞き取りのポイント　（　　　　　　　　　）にどう対策するか

①

② 状況　男性が女性に話しかけています。

問　What does the woman suggest that the man do?

ア　Check the weight of package

イ　Pay an additional charge

ウ　Send his package tomorrow

エ　Use another delivery company

聞き取りのポイント　（　　　　　　　　　）をどうするか

②

✓ CHECK
21講で学んだこと

☐ What does A suggest ...?のような問いは、「誰が」「誰に」提案しているのかを確認する
☐ 提案を表すフレーズを覚えておく
☐ 提案に関する会話では、最後の提案が正解につながるパターンが多い

22講　どれが正しい情報か聞き取ろう！
内容一致問題

▶ここからつなげる　Which is true according to the conversation? のように、会話内で出てきた情報として正しいものを選ぶ問題の練習をします。この形式でも、選択肢を確認しておくことがスムーズに問題を解くためのポイントとなりますよ。

考えてみよう

問いについて、対話の場面が日本語で書かれています。対話を聞き、問いの答えとして最も適切なものを選びなさい。🔊 TRACK 065

状況　夫婦が話をしています。

問　Which is true according to the conversation?

- ㋐　The man didn't wait in line for a cake.
- ㋑　The man wasn't able to buy a cake.
- ㋒　The woman didn't know the shop was popular.
- ㋓　The woman told the man not to buy a cake.

手順1　状況や問いから問題の特徴などを探る

Which is true according to the conversation? や What can we learn from the conversation? のような問いは、**リスニングにおける内容一致問題**です。まずは**状況**や問いに注目しましょう。この問題は、**状況**から**夫婦の会話**だとわかります。

手順2　選択肢の同じところを見つけて、テーマのヒントを探る

この形式の**選択肢**は**情報量が多く、会話内容のヒントとなることも多く含まれています。選択肢の同じところに注目し、**テーマ**を見つけましょう。㋐・㋑・㋓の a cake から**ケーキ**、㋐の wait in line（列で待つ）や㋒の popular から**（ケーキ店が）人気である**ことがテーマのようです。

手順3　選択肢の違うところを見つけて、聞き取りのポイントを予想する

主語と動詞部分が違うところのようなので、**セットで見ていきましょう。**

① The man が主語
- ㋐　… didn't wait in line for a cake.　ケーキを買うために列に並ばなかった。
- ㋑　… wasn't able to buy a cake.　　　ケーキを買えなかった。

② The woman が主語
- ㋒　… didn't know the shop was popular.　そのお店が人気だと知らなかった。
- ㋓　… told the man not to buy a cake.　　男性にケーキを買わないように言った。

㋓は内容が大きく異なります。また、㋐と㋒はともに**ケーキ店の人気度合**について述べており、**対の関係**と言えそうです。

➡ 1～3から、「**男性がケーキを買えなかったのか**」や「**ケーキ店の人気度合について**」が**聞き取りのポイント**となりそうです。

演習

1 左ページを踏まえて対話を聞き、問いの答えとして最も適切なものを選びなさい。 🔊 TRACK 066

状況　夫婦が話をしています。

問　Which is true according to the conversation?

㋐　The man didn't wait in line for a cake.

㋑　The man wasn't able to buy a cake.

㋒　The woman didn't know the shop was popular.

㋓　The woman told the man not to buy a cake.

2 左ページを参考にテーマを確認した上で聞き取りのポイントを予想しなさい。その後対話を聞き、問いの答えとして最も適切なものを選びなさい。 🔊 TRACK 067

①　状況　友人同士が話をしています。

問　Which is true according to the conversation?

㋐　The man is looking forward to seeing his manager.

㋑　The man promised to meet the woman two days ago.

㋒　The man was planning to meet up with his friend.

㋓　The man was told to come to work early.

①

②　状況　友人同士が話をしています。

問　Which is true according to the conversation?

㋐　The woman is going to start a new business.

㋑　The woman knew about her former boss's company.

㋒　The woman quit a job three years ago.

㋓　The woman used to work with the man.

②

✔ CHECK
22講で学んだこと

☐ Which is true ...? や What can we learn ...? のような問いは、リスニングにおける内容一致問題

☐ 内容一致問題では、選択肢に会話内容のヒントが多く含まれている

23講 少しずつ違うところのあるイラストに対応しよう！
少しずつ違うイラストの選択問題

▶ **ここからつなげる** 会話に合うイラストを選択する問題の練習をします。1つ目は4つのイラストに少しずつ違うところがあるタイプです。この場合、見つけておくべき要素が2・3個あり、各要素について「ある・ない」を確かめていくことになります。

考えてみよう

対話の場面が日本語で書かれています。対話と問いを聞き、問いの答えとして最も適切な絵を選びなさい。 🔊 **TRACK 068**

　状況　夫婦が、息子のお遊戯会について話をしています。

ア  イ  ウ  エ

手順1 ## 状況からテーマを探る

状況から、**大まかな会話のテーマ**を把握しておきましょう。今回は、**息子のお遊戯会**についてです。

手順2 ## イラストをチェックして、聞き取りのポイントを見つける

イラストの**少しずつ違うところ**を見つけて、**聞き取りのポイント**を探ります。この場合は、**ポイントとなる要素が2つまたは3つある**ことが多く、「Aは？」「Aはない」「Bは？」…のように、**各ポイントについてある・ないに言及しながら会話が展開される**ことが多いです。今回は、**Tシャツのポケットの数・ズボンの長さ・被っている動物**の3点が**ポイント**になるようです。

手順3 ## 聞き取りのポイントを英語にしてみる

手順2までできていれば**OK**です。時間があれば、以下のように**見つけた聞き取りのポイントを表す英語**を考えておくと、さらに聞き取りやすくなります。
① **ポケットの数**　　**a** pocket または **two** pocket**s**
② **ズボンの長さ**　　**long** pants または **short** pants
③ **被っている動物**　**a monkey** または **a lion** /lάiən/「ライァン」（ライオン）

> 手袋などの物に関するイラストの場合は、**物の名前が直接的に言及される**こともありますが、「**どのような物か**」「**どんなときに使うのか**」などが説明され、直接名前が出てこないことも多いです。そのため、物の特徴や用途を考えておきましょう。

❶ 左ページを踏まえて対話と問いを聞き、問いの答えとして最も適切な絵を選びなさい。

状況　夫婦が、息子のお遊戯会について話をしています。

ア 　イ 　ウ 　エ

❷ 左ページを参考にテーマを確認した上で聞き取りのポイントを見つけ、（　　）に書きなさい。その後対話と問いを聞き、問いの答えとして最も適切な絵を選びなさい。 🔊 TRACK 070

① 状況　夫婦が、ケーキ屋で話をしています。

ア 　イ 　ウ 　エ

聞き取りのポイント　ケーキの形
＋ブルーベリーと（　　　　　　　）のどちらが乗っているか

①

② 状況　店員が、客から注文を受けています。

ア 　イ 　ウ 　エ

聞き取りのポイント　（　　　　　　　）の有無＋（　　　　　　　）かご飯か
＋水かコーヒーか

②

✔ CHECK
23講で学んだこと

□ 少しずつ違うイラストの選択問題は、聞き取りのポイントとなる要素を2つ（3つ）探る
□ 時間があれば聞き取りのポイントを表す英語を考えておく
□ 物の名前が直接出てこないこともあるので、物の特徴や用途を考えておく

24講　バラバラなイラストに対応しよう！
バラバラなイラストの選択問題

▶ここからつなげる 引き続き会話に合うイラストを選択する問題の練習をしましょう。2つ目は4つのイラストがバラバラなタイプを扱います。この場合、どんどん選択肢が削られていき、残ったものが正解となるパターンが一般的です。

考えてみよう

対話の場面が日本語で書かれています。対話と問いを聞き、問いの答えとして最も適切な絵を選びなさい。 TRACK 071

　状況　夫婦が、家具屋で話をしています。

㋐

㋑

㋒

㋓
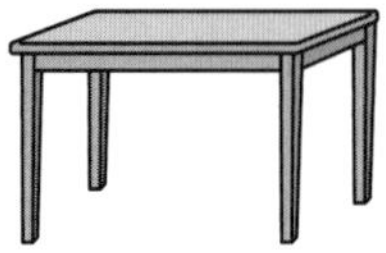

手順1 状況からテーマを探る

状況やイラストから、**テーマ**は**家具**だということがわかります。

手順2 イラストをチェックして、共通点を探しておく

今回の**イラスト**は**バラバラ**です。この場合は、「㋐は違う」「㋑と㋒も違う」…と**それぞれのイラストについて言及され、最終的に残った（言及されなかった）イラストが正解**となることが多く、**会話が進むにつれどんどん選択肢が削られていくような流れ**が一般的です。また、一見するとバラバラでも、例えば㋑と㋒は**3つ引き出しのある家具**、㋑と㋓は**机**という**共通点**があります。このような**共通点がある場合は、まとめて言及される**ことが多いので、**共通点を探して英語化**しておきましょう。

	［共通点］	［英語］
㋑・㋒	3つ引き出しのある家具	furniture with three drawers
㋑・㋓	机	table

手順3 イラストの内容を英語でどう説明するか考えてみる

それぞれのイラストについて、**直接的に名称を用いて描写される**場合のほか、**間接的に特徴などが説明される**場合があります。そのため、**イラストに描かれている物の特徴などを考えたり**、それらを**英語で表すとどうなるか**を考えておくと、より聞き取りやすくなります。

	［名称］	［英語での説明］	
㋐	a lamp /lǽmp/「レァン（プ）」（ランプ）	brighten a room	（部屋を明るくする）
㋑	a desk with a lamp	suitable for studying	（勉強に適している）
㋒	a chest /tʃést/「チェス（ト）」（チェスト）	keep things such as clothes in it	（服などの物を入れておく）
㋓	a dining /dáiniŋ/「ダィニン」table	eat meals at this	（ここで食事をとる）

 考えてみようの解答　[演][習]1の解答を参照ください。

[演][習]

1 左ページを踏まえて対話と問いを聞き、問いの答えとして最も適切な絵を選びなさい。 TRACK 072

状況　夫婦が家具屋で話をしています。

㋐

㋑

㋒

㋓
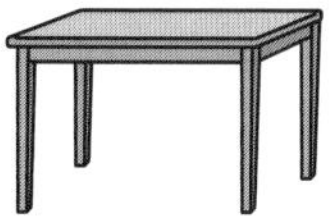

2 左ページを参考にテーマを確認して(　　)に書き、さらに各イラストの名称や説明のフレーズを英語で予想しなさい。その後対話と問いを聞き、問いの答えとして最も適切な絵を選びなさい。(※イラストの名称、説明の英語は必要に応じて[MEMO]に書き込み可。) TRACK 073

① 状況　夫婦が、息子の誕生日プレゼントについて話をしています。

㋐

㋑

㋒

㋓

[MEMO] [MEMO] [MEMO] [MEMO]

[テーマ] 息子の(　　　　　　　　　　)について

①

② 状況　男女が、学園祭の劇での役割について話をしています。

㋐

㋑

㋒

㋓

[MEMO] [MEMO] [MEMO] [MEMO]

[テーマ] 学園祭の劇での(　　　　　　　)について

②

✔ CHECK
24講で学んだこと

- □ 選択肢のイラストがバラバラの場合、会話が進むにつれて選択肢が削られていく流れが一般的
- □ この形式では、イラストの共通点を探して英語化しておく
- □ イラストは名称が直接用いられる場合と、特徴などが説明される場合がある

25講　写真の中の位置関係を把握しよう！

写真の位置選択問題

[▶ここからつなげる] この講では、1枚の写真の中に複数の人物や物が写っている場合の位置関係描写を理解する練習をします。「…の隣」や「…の後ろ」のような位置関係を表すフレーズを聞き取り、正しく把握できるようになりましょう。

考えてみよう

対話の場面が日本語で書かれています。対話と問いを聞き、問いの答えとして最も適切なものを選びなさい。[TRACK 074]

状況　夫婦がおもちゃのカタログを見ながら話をしています。

手順1　状況からテーマを探す

状況とイラストから、**おもちゃ**や**人形**が**テーマ**だとわかります。

手順2　イラスト内で選択肢が振られているものを確認し、特徴を英語化する

1枚の写真内の位置関係問題は、**24講**の**バラバラなイラスト問題と似た会話展開**で、「㋐は違う」「㋑と㋒も違う」「残った㋓が正解」と、**会話が進むにつれて選択肢を外していく**パターンが多いです。この形式では、**選択肢が振られている人・物の特徴を英語にしておく**と役立ちます。例えば、㋐〜㋒は**a doll with a hat**や**a doll wearing a hat**などで表せそうです。

手順3　人・物の位置関係を英語でどう説明するか考えておく

選択肢が振られている**人・物の位置関係がどのように描写されるか**考えておくと、流れてくる英語の大きなヒントとなります。今回は、以下のような描写が考えられます。

① 上段　on the top

　㋐ ➡ ㋐ is next to ㋑、between two dolls（2つの人形の間）

　㋑ ➡ on the right（右側）

② 下段　on the bottom /bάtəm/「バタム」

　㋒ ➡ on the left（左側）　　㋓ ➡ on the right（右側）

位置関係を表すフレーズ①

この形式では、A is **next to** B.（AはB**の隣**だ）/ A is **in front of** B.（AはB**の前**だ）/ A is **behind** B.（AはB**の後ろ**だ）/ A is **on the right[left] of** B.（AはB**の右側[左側]**だ）/ A is **in the back [front] row**.（Aは**後[前]列**だ）/ A is **the third from the left[right]**.（Aは**左[右]から3番目**だ）に加えて**the other ...**（**もう1つの…**）などがよく用いられます。

 [考えてみよう]の解答　[演][習]1の解答を参照ください。

1 左ページを踏まえて対話と問いを聞き、問いの答えとして最も適切なものを選びなさい。

🔊 TRACK 075

状況　夫婦がおもちゃのカタログを見ながら話をしています。

2 左ページを参考にテーマを確認し、さらに各選択肢の位置関係を英語で予想しなさい。その後対話と問いを聞き、問いの答えとして最も適切なものを選びなさい。🔊 TRACK 076

① 状況　男女がキャンプの写真を見ながら話をしています。

①

② 状況　先生同士が、カメラのモニターを見ながら話をしています。

②

✔ CHECK
25講で学んだこと

☐ 1枚の写真に複数の人や物が写っている問題では、選択肢が振られている人・物の位置を確認しておく
☐ 人や物などの位置関係が英語でどう描写されるか考えておく
☐ 位置関係を表すフレーズも覚えておく

26講 地図の中の位置関係を把握しよう！
地図の位置選択問題

▶ここからつなげる　この講では、説明されている場所が地図の中のどこなのかを理解する練習をします。地図上に描かれている建物などを英語化したり、位置関係を英語で考えたりして事前準備をしましょう。

考えてみよう

対話の場面が日本語で書かれています。対話と問いを聞き、問いの答えとして最も適切なものを選びなさい。（※アイコンは施設、店舗を示す。）🔊 TRACK 077

状況　ガソリンスタンドについて話をしています。

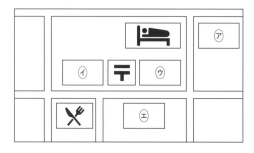

手順 1
状況やイラストからテーマを探し、英語を考える

状況と**地図のイラスト**から、ガソリンスタンドの位置が**テーマ**だとわかります。gas /ɡǽs/「ゲァス」station のように**英語に直して**おきましょう。

手順 2
地図上に記されているものなどを確認し、英語を考える

この形式では、問われている場所についての情報が「Aは○○の隣」「さらに××の向かい」のように分かれて登場し、**少しずつ鮮明化していくような会話展開**が基本です。地図上のものを用いて描写されるので、それらを英語にして備えておきましょう。この問題では、地図上のものを **restaurant** /réstərɑːnt/「ゥレスタラン(ト)」（レストラン）、**post** /póust/「ポゥス(ト)」**office**（郵便局）、**hotel** /houtél/「ホゥテウ[ル]」（ホテル）…などと英語で考えておきます。

手順 3
選択肢が振られている場所の位置関係を確認する

以下のように、**それぞれの選択肢の場所の位置関係を英語で考えて**おきましょう。
- ㋐　**across from** the hotel（ホテルの**向かい**）
- ㋑　**across from** the restaurant（レストランの**向かい**）、**next to** the post office（郵便局の**隣**）
- ㋒　**next to** the post office（郵便局の**隣**）、**behind** the hotel（ホテルの**裏**）
- ㋓　**across from** the post office（郵便局の**向かい**）

位置関係を表すフレーズ②

A is **across from** B.（AはB**の向かい側**だ）/ A is **between** B and C.（AはB**と**C**の間**だ）/ A is **at the end**.（Aは**端にある**）/ A is **on[at] the corner**.（Aは**角にある**）など、位置関係を表す際に**用いられる決まった表現**を覚えておきましょう。

演習の解答 ➡ 別冊P.33

1 左ページを踏まえて対話と問いを聞き、問いの答えとして最も適切なものを選びなさい。 🔊 TRACK 078

状況　ガソリンスタンドについて話をしています。

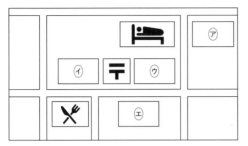

2 左ページを参考にテーマを確認し、さらに各選択肢の位置関係を英語にして、（　　）に書きなさい。その後対話と問いを聞き、問いの答えとして最も適切なものを選びなさい。 🔊 TRACK 079

① 状況　女性が傘を探しています。

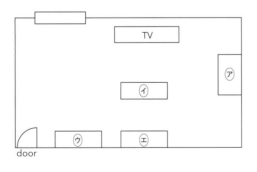

位置関係

ア a seat（　　　　）the window
a seat（　　　　）the bathroom

イ a seat（　　　　）the bathroom
a seat（　　　　）the counter

ウ a seat at the counter

エ a seat（　　　　）the window

①

② 状況　夫婦がソファの位置について話をしています。

位置関係

ア （　　　　）the wall

イ in the（　　　　）of room

ウ （　　　　）the wall、
（　　　　）the door、
（　　　　　）the TV

エ （　　　　）the wall、
（　　　　　）the TV

②

✔ CHECK
26講で学んだこと

□ 地図の位置選択問題では、テーマになるものを英語に直しておく
□ 地図などに示されている場所が英語でどう描写されるか考えておく
□ 選択肢が振られている場所の位置関係を英語で考えておく
□ 位置関係を表すフレーズも覚えておく

27講　一番伝えたいことを理解しよう！
主張を把握する問題

▶ **ここからつなげる** What is A's main point? のように主張を聞き取る練習します。main point とは、その人の「一番伝えたいこと」です。そのため、表現や視点などを変えて繰り返し述べられるということを覚えておきましょう。

考えてみよう

問いについて、対話の場面が日本語で書かれています。対話を聞き、問いの答えとして最も適切なものを選びなさい。 🔊 **TRACK 080**

状況　2人の大学生がSNS（social media）について話をしています。

問　What is Sophia's main point?

（ア）Making comments from behind a screen can hurt people's feelings.

（イ）Problems among students can be solved on social media.

（ウ）There is no need to talk with your friends face to face.

（エ）Those who aren't on social media can be left out.

手順1　状況からテーマを確認し、問いから誰の主張を聞き取るかを確認する

状況から、テーマは **SNS**（social media /míːdiə/「ミーディァ」）です。書かれていない場合は、自分でテーマを英語にしておきましょう。また問いから、「誰の」主張を聞き取るのかを確認すると、Sophia の main point（主張）を聞き取る必要があるとわかります。

手順2　選択肢をテーマに「賛成（肯定的）」「反対（否定的）」で分けておく

この形式では基本的に2人の意見が対立するので、選択肢をテーマに賛成（肯定的）か反対（否定的）か分けて、選びやすくしておきましょう。この形式における聞き取りのポイントは、テーマに賛成か反対かとその理由は何かなので、選択肢内のキーフレーズを見つけておきましょう。

① SNSに**賛成する**選択肢

（イ）**Problems** among students **can be solved on social media**.
学生間の**問題はSNSで解決できる**。

（ウ）There is **no need to talk with your friends face to face**.
友人と面と向かって話す必要は全くない。

（エ）**Those who aren't on social media** can be **left out**.
SNSを使っていない人は取り残される可能性がある。

② SNSに**反対する**選択肢

（ア）**Making comments from behind a screen** can **hurt people's feelings**.
画面の向こうからコメントすることは人の気持ちを傷つけることがある。

正解となる選択肢の特徴

主張とは「問いにある登場人物が**一番伝えたいこと**」なので、正解の選択肢は「その人物が**繰り返し言ったこと**」をまとめた、または**少し言い換えたもの**です。選択肢内のキーフレーズや類似表現を求めて聞きましょう。また、ひっかけ選択肢として、**他の人の主張が紛れ込んでいる**こともよくあるので、「**誰が**」「**どのような主張をしているのか**」に注意します。

演 習

1 左ページを踏まえて対話を聞き、問いの答えとして最も適切なものを選びなさい。 🔊 TRACK 081

状況　2人の大学生がSNS（social media）について話をしています。

問　What is Sophia's main point?

㋐　Making comments from behind a screen can hurt people's feelings.

㋑　Problems among students can be solved on social media.

㋒　There is no need to talk with your friends face to face.

㋓　Those who aren't on social media can be left out.

2 各選択肢を、テーマ（SNS）に対して肯定・賛成するもの（＋）と否定・反対するもの（－）に分類しなさい。また、各選択肢のキーフレーズとなる部分を判断しなさい。その後**1**と同じ対話を聞き、問いの答えとして最も適切なものを選びなさい。（※キーフレーズは必要に応じて下線を引いても可。） 🔊 TRACK 082

状況　2人の大学生がSNS（social media）について話をしています。

問　What is Alex's main point?

肯定・否定

㋐　Having a conversation on social media is fun.　➡　＋ / －

㋑　It's not essential for students to use social media.　➡　＋ / －

㋒　Students shouldn't post personal information on social media.　➡　＋ / －

㋓　There is some fake news on TV and in the newspaper.　➡　＋ / －

✔ CHECK
27講で学んだこと

☐ 主張を把握する問題では、「誰の」主張を聞き取る必要があるのかを確認する
☐ 選択肢がテーマに賛成か反対かを分けておく
☐ 主張を選ぶ問題の正解選択肢は、繰り返し言ったことのまとめや言い換えになっている

28講　主張を理解して、同意しそうな意見を選ぼう！

同意推測問題

▶ ここからつなげる　Which ... would A agree with? のように、問いにwouldやagree が含まれている問題を扱います。この形式では、会話内で明確に言われたことではなく、主張を把握した上で同意する可能性があるものを選ぶことが求められます。

考えてみよう

問いについて、対話の場面が日本語で書かれています。対話を聞き、問いの答えとして最も適切なものを選びなさい。 🔊 TRACK 083

状況　2人の大学生が車の所有について話をしています。

問　Which of the following statements would Jane agree with?

ア A driver's license is a convenient form of ID.

イ A used car is the best choice for students.

ウ Stress can be reduced by driving a car.

エ Taking a train is cheaper than owning a car.

手順1　状況からテーマを確認し、問いから誰の主張を聞き取るかを確認する

状況から、英語のテーマは車の所有だとわかります。音声内に出てくる可能性が高いので、owning a carのようにテーマを英語にしておきましょう。問いにWhich ... would A agree with? のようにwouldとagreeが含まれる場合は、問いの登場人物がおそらく同意するであろうものを選ぶことになるので、読み上げ英語内でその内容が明確に説明されるとは限りません。つまり、まずはその人物の主張を聞き取った上で、「このような主張をする人ならば、これにも同意するであろう」という選択肢を選ぶことになります。

　この形式は主張を理解する問題の別バージョンです。ひっかけ選択肢には他の人物の主張に関するものが含まれることもありますので、やはり「誰が」「どのような主張をしているか」に注意して聞き取りましょう。

手順2　選択肢をテーマに「賛成（肯定的）」「反対（否定的）」で分けておく

主張の問題と同様に、選択肢をテーマに賛成（肯定的）か反対（否定的）か（またはどちらでもないか）で分けておきましょう。また、各選択肢の内容が一目でわかるようなキーフレーズ（聞き取りのポイント）もチェックします。

① 車（の所有）に賛成する選択肢

ア **A driver's license** is a **convenient** form of ID.　　車の免許は便利な身分証明書だ。

イ **A used car** is **the best choice** for students.　　中古車は学生にとって最適だ。

ウ **Stress can be reduced** by driving a car.
車を運転することでストレスが減らされる可能性がある。

② 車（の所有）に反対する選択肢

エ **Taking a train** is **cheaper** than owning a car.
電車に乗ることは車を所有するよりも安い。

🧑　キーフレーズと類似したフレーズが会話文内に出てくる可能性があります。時間に余裕があれば、言い換えを考えておくと良いですよ。

演習

1 左ページを踏まえて対話を聞き、問いの答えとして最も適切なものを選びなさい。 🔊 TRACK 084

状況　2人の大学生が車の所有について話をしています。

問　Which of the following statements would Jane agree with?

ⓐ　A driver's license is a convenient form of ID.

ⓘ　A used car is the best choice for students.

ⓤ　Stress can be reduced by driving a car.

ⓔ　Taking a train is cheaper than owning a car.

2 各選択肢を、テーマ（車の所有）に対して肯定・賛成するもの（＋）と否定・反対するもの（－）に分類しなさい。また、各選択肢のキーフレーズとなる部分を判断しなさい。その後 **1** と同じ対話を聞き、問いの答えとして最も適切なものを選びなさい。（※キーフレーズは必要に応じて下線を引いても可。） 🔊 TRACK 085

状況　2人の大学生が車の所有について話をしています。

問　Which of the following statements would Ren agree with?

肯定・否定

ⓐ　A bicycle is good enough for going to college every morning.　➡　＋ / －

ⓘ　Cars are dangerous and bad for the environment.　➡　＋ / －

ⓤ　Driving on crowded roads with cars is stressful.　➡　＋ / －

ⓔ　Having a car is more convenient than renting one.　➡　＋ / －

✔ CHECK
28講で学んだこと

☐ 問いに would と agree が含まれる場合、選択肢と同じ内容が会話内で明確に説明されるとは限らない

☐ 選択肢がテーマに賛成か反対か（または、どちらでもないか）を分けておく

☐ 問いの登場人物とは他の人の主張に関係する選択肢に注意する

29講 どれが正しい情報か聞き取ろう！
長い会話での内容一致問題

▶ **ここからつなげる** 会話に関する内容一致問題です。短い会話（**22講**）でも、今回のように長い会話でも、準備の仕方は同じです。事前に会話のテーマと選択肢を確認し、聞き取りのポイントを確認した上で聞き始めましょう。

考えてみよう

問いについて、対話の場面が日本語で書かれています。対話を聞き、問いの答えとして最も適切なものを選びなさい。 🔊 **TRACK 086**

状況　2人の大学生が一人暮らしについて話をしています。

問　What choice does Maria need to make?

- ㋐ Whether to cook for herself or eat out
- ㋑ Whether to have a pet or an AI robot
- ㋒ Whether to live with her family or not
- ㋓ Whether to rent a cheap apartment or a safe one

手順1 状況と問いからテーマや聞き取りのポイントを確認する

状況から、**テーマが一人暮らし**だとわかります。今回は、テーマを英語にしたものが書かれていないので、living alone のように**自分で考えて**おきましょう。次に**問い** What choice does Maria need to make? から、**マリアが何かを選ばなければならない**とわかり、その選ぶものが**聞き取りのポイント**となりそうです。

手順2 選択肢から重要なフレーズを見つけておく

選択肢を読み、どのようなフレーズが会話に含まれる可能性があるのか確認しましょう。また、考えられる場合は**言い換えを考えておく**とさらに聞き取りやすくなります。

- ㋐ Whether to **cook for herself or eat out**
  自分で料理するか、外食するか
- ㋑ Whether to **have a pet or an AI robot**
  ペットを飼うかAIロボットを飼うか
- ㋒ Whether to **live with her family or not**
  家族と一緒に暮らすかどうか
  ➡「家族と一緒に暮らさない」の言い換え：live alone（一人暮らしする）など
- ㋓ Whether to **rent a cheap apartment or a safe one**
  安いアパートを借りるか、安全なアパートを借りるか

> **聞き取りのポイントの英語化**
>
> 可能であれば、1 で確認した聞き取りのポイントが**英語でどのような言い回しを用いて表されるか**考えてみましょう。これによって、**長い会話の中で特に注意して聞くべきところがわかりやすくなります。**今回は、I'm thinking about ...（…について考えている）や、I have to choose ...（…を選ばないと）などのフレーズが考えられます。

1 左ページを踏まえて対話を聞き、問いの答えとして最も適切なものを選びなさい。 🔊 TRACK 087

状況　2人の大学生が一人暮らしについて話をしています。

問　What choice does Maria need to make?

(ア) Whether to cook for herself or eat out

(イ) Whether to have a pet or an AI robot

(ウ) Whether to live with her family or not

(エ) Whether to rent a cheap apartment or a safe one

2 左ページを参考に聞き取りのポイントを見つけ、（　　）に書きなさい。次に各選択肢の言い換えを考え、（　　）を埋めなさい。その後 **1** と同じ対話を聞き、問いの答えとして最も適切なものを選びなさい。 🔊 TRACK 088

状況　2人の大学生が一人暮らしについて話をしています。

問　What does Dylan think about living alone?

(ア) It can't be dangerous for women.
言い換え　woman living alone can't be （　　　　　　　）

(イ) It's not easy to save money by cooking for yourself.
言い換え　you can't （　　　　　　　） money easily by cooking your own food

(ウ) You can have time to yourself.
言い換え　you can enjoy your （　　　　　　　） time

(エ) You may feel lonely by living alone.
言い換え　you may feel （　　　　　　　） by living alone

聞き取りのポイント　ディランは（　　　　　　　　）についてどう思っているか

 What does Dylan think about ...? は**27講**の問題のように主張を聞いているので、テーマに対して肯定的か否定的か（または中立的か）も考えておくとより良いですよ。

 ✔ CHECK
29講で学んだこと

☐ 内容一致問題では、聞き取りのポイント確認後に選択肢のキーフレーズを確認し、できればその言い換えを考えておく

☐ 主張をたずねる問題では、テーマに対して肯定的・否定的（または中立的）な選択肢を分けるようにする

30講 図・ポスターなどから読み取れる情報を合わせて解こう！
資料参照問題

▶ここからつなげる ポスターや図表などと音声の融合問題を練習します。選択肢やポスターなどから問題に関係する情報をチェックし、聞き取りのポイントを見つけた上で聞くようにしましょう。

考えてみよう

問いについて、対話の場面が日本語で書かれています。対話を聞き、問いの答えとして最も適切なものを選びなさい。　🔊 TRACK 089

状況　男女2人がサッカー教室のチラシを見ながら話しています。

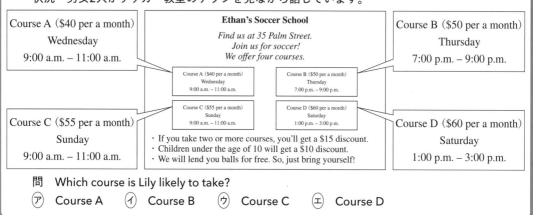

| Course A ($40 per a month) Wednesday 9:00 a.m. – 11:00 a.m. | **Ethan's Soccer School** *Find us at 35 Palm Street.* *Join us for soccer!* *We offer four courses.* | Course B ($50 per a month) Thursday 7:00 p.m. – 9:00 p.m. |

Course A ($40 per a month) Wednesday 9:00 a.m. – 11:00 a.m.
Course B ($50 per a month) Thursday 7:00 p.m. – 9:00 p.m.
Course C ($55 per a month) Sunday 9:00 a.m. – 11:00 a.m.
Course D ($60 per a month) Saturday 1:00 p.m. – 3:00 p.m.

Course C ($55 per a month) Sunday 9:00 a.m. – 11:00 a.m.

· If you take two or more courses, you'll get a $15 discount.
· Children under the age of 10 will get a $10 discount.
· We will lend you balls for free. So, just bring yourself!

Course D ($60 per a month) Saturday 1:00 p.m. – 3:00 p.m.

問　Which course is Lily likely to take?

㋐ Course A　　㋑ Course B　　㋒ Course C　　㋓ Course D

手順1 状況やチラシからテーマを読み取る

状況と**チラシ・ポスターなどのタイトル**から、**サッカー教室**（soccer school）が**テーマ**だとわかります。英語が書かれていない場合は、自分で**英語に直して**おきましょう。

手順2 問いや選択肢をヒントに、チラシの重要な情報をチェックしておく

問いや**選択肢**から**リリーが受けたいと思っているコース**についての情報が重要だとわかります。これを踏まえて**チラシの各コースの特徴を確認**しましょう。各コースには**月会費・曜日・時間**が記載されているので、これらに関する情報が**聞き取りのポイント**となります。

A　$40 / 水曜日 / 午前9時から11時　　　B　$50 / 木曜日 / 午後7時から9時
C　$55 / 日曜日 / 午前9時から11時　　　D　$60 / 土曜日 / 午後1時から3時

また、コース説明の下に箇条書きで**料金に関する説明**があります。料金に関する問題を解く場合は、**two or more courses**、**$15 discount**などのキーフレーズに下線を引いて確認しておきましょう。

> **数字は必ず頭の中で読み上げておこう！**
>
> **数字や時刻が含まれる場合は、頭の中で英語にして読んでおき、聞こえてくる音に備えておきましょう。**また、水曜・木曜日は**weekday**（平日）、土曜・日曜日は**weekend**（週末）、午前9時から11時は**in the morning**（午前）、午後7時から9時は**in the evening**（夕方）のように、可能であれば**言い換え表現**を考えておくとより良いです。

1 左ページを参考に②の聞き取りのポイントを見つけて（　　）に書きなさい。その後対話を聞き、各問いの答えとして最も適切なものを選びなさい。 🔊 TRACK 090

状況　男女2人がサッカー教室のチラシを見ながら話しています。

Ethan's Soccer School

Find us at 35 Palm Street.
Join us for soccer!
We offer four courses.

Course A（$40 per a month） Wednesday 9:00 a.m. – 11:00 a.m.	Course B（$50 per a month） Thursday 7:00 p.m. – 9:00 p.m.
Course C（$55 per a month） Sunday 9:00 a.m. – 11:00 a.m.	Course D（$60 per a month） Saturday 1:00 p.m. – 3:00 p.m.

- If you take two or more courses, you'll get a $15 discount.

- Children under the age of 10 will get a $10 discount.

- We will lend you balls for free. So, just bring yourself!

---

① Which course is Lily likely to take?

㋐ Course A　　　㋑ Course B

㋒ Course C　　　㋓ Course D

①

② How much is Steven likely to pay in total per month?

㋐ $60　　　㋑ $80

㋒ $90　　　㋓ $100

聞き取りのポイント スティーヴンが（　　　　　　　　　　　　）としていくら払うか

②

✓ CHECK
30講で学んだこと

☐ 資料参照問題では、状況やチラシ・ポスターのタイトルからテーマを読み取る
☐ 問いや選択肢をヒントに重要な情報をチェックする
☐ 数字や時刻、またそれらの言い換えを頭の中で英語にして読んでおく

31講　4人の主張を聞き取ろう！
立場を把握する問題（4人の会話①）

▶ **ここからつなげる** 4人による会話問題に挑戦します。登場人物が多いために、一層難しく感じやすい問題形式です。文字でメモを取ることは極力避け、賛成なら〇、反対なら×、どっちつかずなら△のように簡略化した記号を活用しましょう。

考えてみよう

問いについて、対話の場面が日本語で書かれています。対話を聞き、問いに答えなさい。 🔊 TRACK 091

状況　4人の学生（Yui、Hanna、Ryan、James）が、制服について話をしています。

MEMO

Yui	
Hanna	
Ryan	
James	

問　会話が終わった時点で、4人のうち<u>制服に賛成している</u>のは何人ですか。4つの選択肢のうちから1つ選びなさい。

㋐　1人　　　㋑　2人　　　㋒　3人　　　㋓　4人

手順1 ## 状況からテーマを確認し、英語にする

状況から、会話の**テーマ**は**制服**だとわかります。school uniform /júːnəfɔːrm/「ユナフォーム」と英語に直しておきましょう。

手順2 ## 登場人物の話す順番を確認する

状況やメモ欄に書かれている順番通り（Yui → Hanna → Ryan → James）に会話中に登場する可能性が高いので、確認しておきます。またこの形式では、頻繁に**お互いの名前を呼び合う**ので、それも聞き逃さないようにしましょう。

手順3 ## 賛成・反対意見で用いられるフレーズを考えておく

テーマの**賛成・反対意見に登場しそうなフレーズ**を考えて備えておきましょう。
① **賛成**（I'm for ... / I agree with ... / I think we need ...など）
　a sense of belonging（帰属意識）、unity /júːnəti/「ユナティ」（統一）、save time（時間の節約）などが使われそう
② **反対**（I'm against ... / I don't agree with ... / I don't think we need ...など）
　freedom /fríːdəm/「フリーダン」（自由）、right（権利）、gender /dʒéndər/「ジェンダァ」（性）、equality /ikwάləti/「ィクウォラティ」（平等）などが使われそう

> **メモは取るべき？**
> 会話が長く、人数が増えて複雑になると、内容を追うのが難しくなります。ですが、この形式も**文字でメモを取ることはあまりおすすめしません。メモに気を取られて聞くことに集中できなくなってしまう可能性が高い**からです。問題を読んで**3**のように**聞こえてくる可能性の高いフレーズ**などを考えておくことと、**簡略化したメモ（賛成の人は〇、反対の人は×、どちらでもない人は△）を使用する**ことを練習して身に付けましょう。

演 習

1 対話を聞き、問いに答えなさい。 🔊 TRACK 092

状況　4人の学生（Yui、Hanna、Ryan、James）が、制服について話をしています。

MEMO	Yui	
	Hanna	
	Ryan	
	James	

問　会話が終わった時点で、4人のうち**制服に賛成している**のは何人ですか。4つの選択肢の
うちから1つ選びなさい。

㋐　1人　　　㋑　2人　　　㋒　3人　　　㋓　4人

2 左ページを参考にテーマを確認し、それを英語にして、（　　）に書きなさい。次にテーマに対
する賛成・反対意見を予想しなさい。その後対話を聞き、問いに答えなさい。（※賛成・反対意
見は必要に応じて MEMO に書き込み可。各人物の賛成・反対は3つめの MEMO の表に書き込み
可。） 🔊 TRACK 093

状況　4人の学生（Anna、Takumi、Mark、Shiho）が授業中にノートを取ることについて話を
しています。

テーマ　授業中にノートを取ることについて

　　➡　taking（　　　　　　　） during（　　　　　　　）

MEMO 賛成意見 ＿＿＿＿＿＿＿＿＿＿＿＿＿＿＿＿＿＿＿＿＿

MEMO 反対意見 ＿＿＿＿＿＿＿＿＿＿＿＿＿＿＿＿＿＿＿＿＿

MEMO	Anna	
	Takumi	
	Mark	
	Shiho	

問　会話が終わった時点で、4人のうち**授業中にノートを取ることに賛成している**のは何人
ですか。4つの選択肢のうちから1つ選びなさい。

㋐　1人　　　㋑　2人　　　㋒　3人　　　㋓　4人

選択肢が人数の場合も、人の名前の場合も、準備の方法や解きかたは同じです。

✔ CHECK
31講で学んだこと

☐ 立場を把握する問題において人物が会話に登場する順番は、状況やメモ欄に
　書かれている名前の順番と同じ可能性が高い
☐ 賛成・反対意見で用いられるフレーズを考えておく
☐ 文字ではなく記号などで簡略化したメモを取る練習をする

32講　主張に合うグラフを選ぼう！
グラフ選択問題（4人の会話[2]）

▶ ここからつなげる　引き続き4人による会話問題です。ここでは、ある人物の主張に関連するグラフ・図表を選ぶ練習をしましょう。この問題タイプでも、先に問題や図表を確認しておくことで問題が解きやすくなります。

考えてみよう

問いについて、対話の場面が日本語で書かれています。対話を聞き、問いに答えなさい。　🔊 TRACK 094

状況　4人の学生（Tsutomu、Laura、Jim、Emma）が、読書について話をしています。

問　会話を踏まえて、Tsutomu の考えの根拠となる図表を4つの選択肢のうちから1つ選びなさい。

ア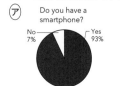
Do you have a smartphone?
No 7% / Yes 93%

イ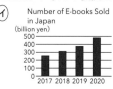
Number of E-books Sold in Japan (billion yen)
500 400 300 200 100 0
2017 2018 2019 2020

ウ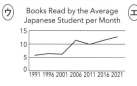
Books Read by the Average Japanese Student per Month
15 10 5
1991 1996 2001 2006 2011 2016 2021

エ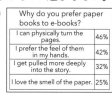

Why do you prefer paper books to e-books?	
I can physically turn the pages.	46%
I prefer the feel of them in my hands.	42%
I get pulled more deeply into the story.	32%
I love the smell of the paper.	25%

手順1　状況からテーマと登場人物の話す順番を確認する

状況から、会話の**テーマ**は**読書**です。reading books のように**英語に直して**おきましょう。また、状況の部分から**人物**は Tsutomu → Laura → Jim → Emma の順番で登場すると予想します。

手順2　問いに含まれる名前を確認する

問いから、**誰の意見に合うグラフ・図表を選ぶ必要がある**のか見ておきましょう。今回は、**Tsutomu の発言に特に注意して聞く**必要があります。

手順3　グラフ・図表のタイトルを読む

選択肢のグラフ・図表のタイトルを読んでおきましょう。選択肢同士が類似しているような場合を除くと、正解は細かな数値ではなく**タイトルで選ぶ**ことになる場合がほとんどです。また、**各タイトルから「何についてのグラフか」を示すキーフレーズを確認**しておき、2 で確認した人物のセリフ内に**類似したフレーズが登場しないか**探しながら聞きましょう。

ア Do you have **a smartphone**?　　**スマホ**を持っていますか？
イ Number of **E-books Sold in Japan**　日本での**電子書籍の販売数**
ウ **Books Read by** the Average **Japanese Student per Month**
　平均的**日本人学生が1か月で読んだ本**（の数）
エ **Why** do you **prefer paper books** to e-books?　なぜ電子書籍より**紙の書籍が好き**ですか？

31講の形式とセットで出題される場合は、**31講**の準備を終わらせて、**32講**の 2 ・ 3 の準備に取り掛かりましょう。

演習

1 対話を聞き、問いに答えなさい。 🔊 TRACK 095

状況　4人の学生（Tsutomu、Laura、Jim、Emma）が、読書について話をしています。

問　会話を踏まえて、Tsutomu の考えの根拠となる図表を4つの選択肢のうちから1つ選びなさい。

㋐
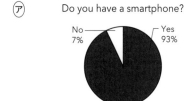
Do you have a smartphone?
No 7%　Yes 93%

㋑
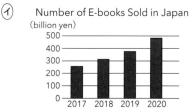
Number of E-books Sold in Japan
(billion yen)

㋒
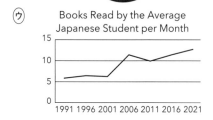
Books Read by the Average Japanese Student per Month

㋓
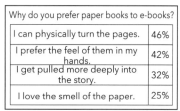

Why do you prefer paper books to e-books?	
I can physically turn the pages.	46%
I prefer the feel of them in my hands.	42%
I get pulled more deeply into the story.	32%
I love the smell of the paper.	25%

2 左ページを参考にテーマを確認し、それを英語にして、（　）に書きなさい。次に各選択肢のタイトルを読み、キーフレーズとなる部分を判断しなさい。その後対話を聞き、問いに答えなさい。（※キーフレーズは必要に応じて下線を引いても可。） 🔊 TRACK 096

状況　4人の学生（Camila、Sophia、Nick、Kento）が、動物実験について話をしています。

テーマ　動物実験について　➡　animal（　　　　　　　　　）

問　会話を踏まえて、Sophia の考えの根拠となる図表を4つの選択肢のうちから1つ選びなさい。

㋐
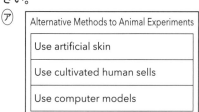
Alternative Methods to Animal Experiments
Use artificial skin
Use cultivated human sells
Use computer models

㋑
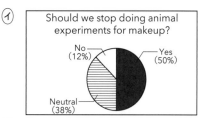
Should we stop doing animal experiments for makeup?
No (12%)　Yes (50%)
Neutral (38%)

㋒
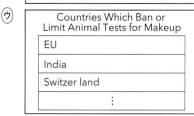
Countries Which Ban or Limit Animal Tests for Makeup
EU
India
Switzer land
⋮

㋓

Number of Animal Experiments in the UK	
Mice	2,507,549
Fish	479,581
Rats	171,069
Birds	132,808
Dogs	4,227
Primates	2,850
Other animals	103,433
Total	3,401,517

✔ CHECK
32講で学んだこと

☐ グラフ選択問題では、問いから誰の意見に合う選択肢を選ぶかを確認する
☐ 選択肢のグラフ・図表のタイトルを読んでおく

33講　出来事の順番を聞き取ろう！

イラストの並びかえ問題

▶ ここからつなげる ここからは長めのモノローグ（1人語り）を扱います。1問目はイラストの並びかえ問題です。問題文からテーマを確認し、さらにイラストの特徴的な部分がどうやって英語で描写されるのかを考えておくことがポイントです。

考えてみよう

友人が、育てているトマトについて話しています。話を聞き、その内容を表した4つのイラストを、出来事が起きた順番に並べなさい。 TRACK 097

㋐

㋑

㋒
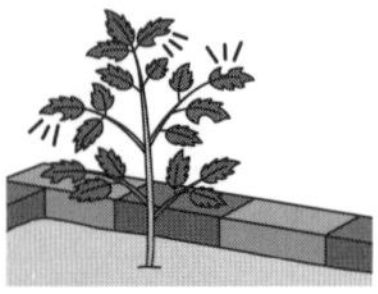
㋓

[手順] 1 問題文からテーマを確認しておく

問題文から、**トマトの栽培**が**テーマ**だとわかります。英語の中に出てくる可能性が高いので、grow tomatoesのように**テーマを英語にしておきましょう**。

[手順] 2 イラストの特徴的な部分を英語にする

イラスト内の登場人物の動作や、**特徴的なもの**を**英語でどのように表すか**を考えておくことで、英語が流れているときに**どのイラストについて話しているのか**がわかりやすくなります。この形式では**過去の出来事**について話されることが多いため、**過去形で準備しておきましょう**。また、確認した各イラストの内容が**聞き取りのポイント**になります。

㋐ **種を植えた** ➡ **planted seeds**、**started growing tomatoes**　など
㋑ トマトの**本を読んだ** ➡ **read a book** about tomatoes　など
㋒ トマトの**葉**（虫食いがある） ➡ **leaves**、the leaves were eaten by insects　など
㋓ **サラダ（トマト）を食べた** ➡ **ate a salad**、**ate a tomato**　など

salad /sǽləd/は「サラダ」ではなく「セァラ（ド）」のように発音されます。カタカナ語になっている英単語は意識的に正しい発音を覚えるようにしましょう！

イラスト並びかえ問題の特徴

基本的には**物事が起こった順番通りに説明**されるので、**聞こえた順番通りに並べる**ことになります。ただし、**過去完了などを用いて時間をさかのぼることも考えられます**ので、時制にも十分注意が必要です。過去完了had doneの**hadははっきり聞こえないことが多い**ため、ディクテーションを通じて練習しておきましょう。

[考えてみよう]の解答　[演][習]1の解答を参照ください。

演 習

演 習 の解答 ➡ 別冊 P.43

1 左ページを踏まえて話を聞き、その内容を表した4つのイラストを、出来事が起きた順番に並べなさい。🔊TRACK 098

㋐ 　　㋑

㋒ 　　㋓

＿＿＿＿ → ＿＿＿＿ → ＿＿＿＿ → ＿＿＿＿

2 友人が、母の日の出来事について話しています。左ページを参考にテーマを確認し、テーマと各イラストの特徴的な部分を英語で予想しなさい。その後話を聞いて、その内容を表した4つのイラストを、出来事が起きた順番に並べなさい。(イラストの特徴は必要に応じて MEMO に書き込み可。)🔊TRACK 099

㋐

MEMO

＿＿＿＿＿＿＿＿＿＿＿＿＿

㋑

MEMO

＿＿＿＿＿＿＿＿＿＿＿＿＿

㋒

MEMO

＿＿＿＿＿＿＿＿＿＿＿＿＿

㋓

MEMO

＿＿＿＿＿＿＿＿＿＿＿＿＿

テーマ　母の日について ➡ (　　　　　　　　　) Day

＿＿＿＿ → ＿＿＿＿ → ＿＿＿＿ → ＿＿＿＿

✔ CHECK
33講で学んだこと

☐ イラストの並び替え問題では、イラスト内の人物の動作や特徴的な部分を英語で考えておく
☐ 過去形でイラストの描写を考えておく
☐ 出来事の説明は過去完了などで時間をさかのぼる場合もある

34講　数字を聞き取ろう！

数字の聞き取り問題

▶ **ここからつなげる** 数字が解答のポイントとなる問題に取り組みます。数字が関係する問題は、混乱しやすいため、簡易的なメモを取ることをおすすめします。数字の聞き取りが苦手な場合は、積極的に練習をしておきましょう。

考えてみよう

あなたは、留学先のケーキ屋でアルバイトをしています。ケーキの値段についての説明を聞き、次の表の4つの空欄に当てはめるのに最も適切なものを、5つの選択肢のうちから1つずつ選びなさい。

TRACK 100

Item	Regular Price	Discount
Strawberry sponge cake	$2.80	1
Baked cheesecake	$3.20	
（NEW）Unbaked cheesecake	$3.50	2
Chocolate cake	$4.30	3
Blueberry tart	$5.20	4
（NEW）Chestnut cream tart	$5.20	

㋐ 5%
㋑ 10%
㋒ 15%
㋓ 20%
㋔ no discount

手順1 問題文と項目の見出しからテーマを確認しておく

問題文や空所がある欄の項目の見出しの**Discount**（割引率）などから、**テーマはケーキの割引率**についてだとわかります。

手順2 項目の見出しや項目名に目を通し、問題を解く際に関係する条件を探す

表の**項目の見出し**（今回の表のItem、Regular Priceなど）や**項目名**（今回の表のStrawberry sponge cake、$2.80など）に目を通し、**問題を解く際に関係する条件を確認**しておきましょう。今回は、見出しの**Item**（ケーキの種類）や**Regular Price**（通常の値段）が重要な条件になりそうです。また、この問題の「NEW」のように表に**特別な記号が含まれる場合は、重要な条件となる可能性が高い**のでチェックしておきます。この形式では、このような表から読み取った条件が聞き取りの**ポイント**となります。

 値段などの数字が条件になる場合は、「3ドルまでは…」「5ドル以上は…」のようにまとめられて条件として扱われることが多いです。

手順3 表の項目名や選択肢を頭の中で読み上げておく

表の項目名や選択肢を頭の中で読み上げて、聞こえてくる音への準備をしておきましょう。なお、数字が関係する問題は聞き取りながら解くのではなく、**聞き取りと簡易的なメモに集中し、全部聞いた後に問題を解く**ようにしましょう。メモは自分がわかればOKなので、丁寧に書くことよりも音声に遅れないことが重要です。

1 あなたは、留学先のケーキ屋でアルバイトをしています。左ページで行った準備を踏まえてケーキの値段についての説明を聞き、次の表の4つの空欄に当てはめるのに最も適切なものを、5つの選択肢のうちから1つずつ選びなさい。 🔊 TRACK 101

Item	Regular Price	Discount
Strawberry sponge cake	$2.80	1
Baked cheesecake	$3.20	
NEW Unbaked cheesecake	$3.50	2
Chocolate cake	$4.30	3
Blueberry tart	$5.20	4
NEW Chestnut cream tart	$5.20	

ア 5%　　　イ 10%　　　ウ 15%　　　エ 20%　　　オ no discount

1	2	3	4

2 あなたは、留学先のお祭りでボランティアをしています。左ページを参考に、テーマ・問題を解く際に関係する条件を確認し、（　　）に書きなさい。その後ボランティアついての説明を聞き、次の表の4つの空欄に当てはめるのに最も適切なものを、5つの選択肢のうちから1つずつ選びなさい。 🔊 TRACK 102

Day	Schedule	Volunteers Needed
Friday	Preparation	1
Saturday	First Day	
Sunday	Day 2	2
Monday	Day 3	
Tuesday	Day 4	3
Wednesday	Day 5	4
Thursday	Final day	

ア 5　　　イ 7　　　ウ 10　　　エ 15　　　オ 20

テーマ お祭りに必要な（　　　　　　　　　　）の数について

問題を解く際に関係する条件 （　　　　　　　）＋（　　　　　　　）

1	2	3	4

✔ CHECK
34講で学んだこと

□ 数字の聞き取り問題では、まず問題文と表の項目の見出しからテーマを確認する
□ 項目の見出しや項目名から、問題を解く際に関係する条件を探す
□ 項目名や選択肢を頭の中で読み上げておき、聞き取りとメモに集中する

35講　聞き取った数字を使って簡単な計算をしよう！
数字の聞き取り・計算問題

▶ここからつなげる　34講同様、数字の聞き取り問題ですが、この講ではそこに簡単な計算が加わります。やはりまずは数字の聞き取りやメモに集中し、その後に計算をしましょう。

考えてみよう

あなたは、留学先で、ホストファミリーの経営する美容室の手伝いをしています。話を聞き、次の表の4つの空欄に入れるのに最も適切なものを、5つの選択肢のうちから選びなさい。（※選択肢の重複も可。）

🔊 TRACK 103

Length	Service	Price
Short & shoulder length	Set	1
	Set & treatment	
	Set & hair coloring	2
Long	Set	3
	Set & treatment	4
	Set & hair coloring	

㋐ $60
㋑ $70
㋒ $80
㋓ $90
㋔ $100

手順1　問題文と表の項目の見出しからテーマを確認しておく

問題文から、**美容室の手伝い**ということがわかります。さらに、**空所がある欄の項目の見出し**を確認すると **Price**（料金）と書かれていますので、**美容室の料金**が英語の**テーマ**だとわかります。

手順2　項目の見出しや項目名に目を通し、問題に関係する条件を予想する

表の項目の見出し（今回の表の Length、Service など）や項目名（今回の表の Short & shoulder length、Set など）から、**問題を解く際に関係する条件を予想**しておきましょう。今回は、見出しから **Length**（髪の長さ）と **Service**（サービス）によって、値段が決まることがわかります。この形式では、このような表から読み取った条件が**聞き取りのポイント**になります。

手順3　項目名や選択肢を頭の中で読み上げておく

項目名や選択肢を頭の中で読み上げて、**聞こえてくる音への準備**をしておきましょう。今回は、髪の長さは **Short & shoulder length**（肩までの長さ）と **Long** に分かれており、サービスはそれぞれ3パターンあることがわかります。これらについて聞き取る準備をしておきましょう。

> 数字の聞き取りですので、thirteen と thirty のようなアクセントの違いの知識も活用しましょう。また、$ は「ドル」ではなく「ダラァ」と発音されることにも注意しましょう。

計算問題の注意点

数字が関係する問題は聞き取りながら解くのではなく、**聞き取りとメモに集中**し、**全部聞いた後に問題を解く**のがおすすめです。**音声に遅れない**ように気をつけましょう。

演習

1 あなたは、留学先で、ホストファミリーの経営する美容室の手伝いをしています。左ページで行った準備を踏まえて話を聞き、次の表の4つの空欄に入れるのに最も適切なものを、5つの選択肢のうちから選びなさい。(※選択肢の重複も可。) 🔊 TRACK 104

Length	Service		Price
Short & shoulder length	Set		1
	Set & treatment		
	Set & hair coloring		2
Long	Set		3
	Set & treatment		4
	Set & hair coloring		

ア $60　　イ $70　　ウ $80　　エ $90　　オ $100

1	2	3	4

2 あなたは、留学先で、部屋を貸し出す会社の手伝いをしています。左ページを参考にテーマと問題を解く際に関係する条件を確認し、(　　)に書きなさい。その後話を聞き、次の表の4つの空欄に入れるのに最も適切なものを、5つの選択肢のうちから選びなさい。(※選択肢の重複も可。) 🔊 TRACK 105

Room	Capacity	Season	Price (/an hour)
Room A	11-15 people	Regular	1
		Summer	2
Room B	18-24 people	Regular	3
		Summer	
Room C	5-8 people	Regular	
		Summer	4

ア $20　　イ $30　　ウ $36　　エ $50　　オ $60

テーマ 　(　　　　　　　　　)の貸し出し料金について

問題を解く際に関係する条件 　(　　　　　　　　)+(　　　　　　　　)

1	2	3	4

✔ CHECK
35講で学んだこと

☐ 数字の聞き取り、計算問題でも、まず問題文と表の項目の見出しからテーマを確認する
☐ 項目の見出しや項目名から、問題を解く際に関係する条件を探す
☐ 音声が流れている間は、聞き取りとメモに集中する

36講　円グラフや棒グラフ内の空所に当てはまる項目を聞き取ろう！
グラフの穴埋め問題

▶ ここからつなげる　円グラフや棒グラフに関する説明を聞いて、グラフ内の空所を埋める問題に挑戦です。この形式でも数値がポイントで、分数を使った特別な言いかたや、比較の表現なども聞いて理解できることが求められます。

考えてみよう

授業でワークシートが配られました。グラフについて、先生の説明を聞き、次の図の4つの空欄に入れるのに最も適切なものを、4つの選択肢のうちから1つずつ選びなさい。🔊 TRACK 106

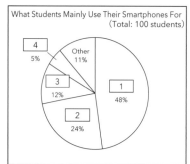

What Students Mainly Use Their Smartphones For
(Total: 100 students)

- 4　5%
- Other　11%
- 3　12%
- 1　48%
- 2　24%

- ㋐ Communicating with friends
- ㋑ Enjoying videos or music
- ㋒ Searching for information
- ㋓ Studying

手順1　グラフのタイトルからテーマを確認する

グラフのタイトルから、テーマを確認します。今回は、**What Students Mainly Use Their Smartphones For**(生徒がスマホを主に何のために使うか)についてです。

手順2　選択肢を頭の中で読み上げる

選択肢はそのままか、少し言い換えられて英語の中に登場するので必ず読んでおき、**聞こえたときにすぐに反応できるように**しましょう。

手順3　グラフの数値を英語にする

グラフの数値を頭の中で発音しておきましょう。**25**(%)は **quarter**「🇺🇸クゥォーラ / 🇬🇧クゥォータァ」、**50**(%)は **half**「🇺🇸ヘァフ / 🇬🇧ハーフ」がよく用いられます。 2 24%や 1 48(%)のように**25・50に近い数値**も quarter や half に **about / nearly**(約)をつけて表されます。

手順4　最大値や最小値、倍数関係になっているものを探しておく

最大値と最小値、数値同士で2倍・半分などの描写しやすそうな倍数関係になっているもの、類似した数値のものを探しておきましょう。今回の問題では以下のようになります。

- ・最大値 ➡ 1 48%、最小値 ➡ 4 5%
- ・ 1 48%は 2 24%の2倍 / 2 24%は 3 12%の2倍
  - ➡ twice as ... as(2倍)や exactly half(ちょうど1/2)のように表せる
- ・ 3 12%と other 11%は同じくらい
  - ➡ as many students as ...などで表せる

　この形式では、**選択肢や数値が聞き取りのポイント**となります。

演 習

1 授業でワークシートが配られました。左ページで行った準備を踏まえてグラフについて、先生の説明を聞き、次の図の4つの空欄に入れるのに最も適切なものを、4つの選択肢のうちから1つずつ選びなさい。 🔊 TRACK 107

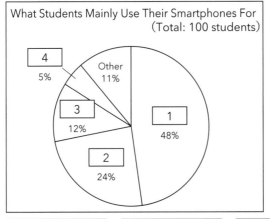

What Students Mainly Use Their Smartphones For
(Total: 100 students)

ア Communicating with friends
イ Enjoying videos or music
ウ Searching for information
エ Studying

1	2	3	4

2 授業でワークシートが配られました。左ページを参考に、テーマを（　）に書きなさい。次に選択肢や数値を読み上げ、最大値・最小値や倍数関係になっているものを見つけて書きなさい。その後グラフについて、先生の説明を聞き、次の図の4つの空欄に入れるのに最も適切なものを、4つの選択肢のうちから1つずつ選びなさい。 🔊 TRACK 108

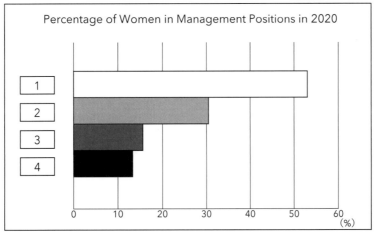

Percentage of Women in Management Positions in 2020

ア Japan
イ Philippines
ウ South Korea
エ Taiwan

テーマ　2020年における（　　　　　　　　　　　　　　　　）の割合

最大値 ＿＿＿＿＿＿＿＿＿＿＿＿＿　最小値 ＿＿＿＿＿＿＿＿＿＿＿＿＿

倍数関係になっているもの　＿＿＿＿＿＿は＿＿＿＿＿＿の2倍

1	2	3	4

✔ CHECK
36講で学んだこと

☐ グラフの穴埋め問題では、まずグラフのタイトルからテーマを確認する
☐ グラフの数値を頭の中で英語にしておく
☐ 最大値、最小値、倍数関係を探しておく

長いモノローグ系問題 ― 36講 ▼ グラフの穴埋め問題

Chapter 4

37講

複数人の説明を聞いて、条件にあてはまるものを選ぼう！

条件に合うものを選ぶ問題

▶ ここからつなげる　複数人の説明と条件を照らし合わせて解く問題に挑戦しましょう。このタイプでは、条件について説明する場合にどのようなフレーズが用いられるか、できる限りたくさん考えておくことで聞き取りがスムーズになります。

考えてみよう

話を聞き、示された条件に最も合うものを、4つの選択肢のうちから1つ選びなさい。後の表（MEMO）を参考にしてメモを取ってもかまいません。🔊 TRACK 109

状況　あなたはレストランを選ぶために、4人のレストランの紹介を聞いています。
あなたが考えている条件　A.　眺めがよいこと
　　　　　　　　　　　　B.　予約しやすいこと
　　　　　　　　　　　　C.　くつろいだ雰囲気であること

MEMO

Restaurants		Condition A	Condition B	Condition C
ア	Freddy's Diner			
イ	Taste Kitchen			
ウ	Sea Chef			
エ	The Grand Bistro			

手順1　状況を読んで、テーマを確認する

状況から、レストランがテーマだとわかります。

手順2　条件を読んで、英語でどのように説明されるか考える

この形式では条件が聞き取りのポイントです。4人がそれぞれ異なる言い回しを用いて説明するので、各条件に関する英語の言い換え表現をできるだけ考えて備えておきましょう。

A ➡ have a great view、the view[scenery] is nice
B ➡ easy to reserve /rizə́ː(r)v/「ゥリザーヴ」(…を予約する) a table、make reservations easily
C ➡ a relaxing atmosphere /ǽtməsfìər/「エァトマスフィァ」(雰囲気)、comfortable

手順3　表の上に条件を簡潔な英語で書いておく

表の欄の上に簡潔な英語で条件の内容を書いておくと取り組みやすくなります。

Restaurants		good view Condition A	easy reservation Condition B	relaxing Condition C
ア	Freddy's Diner			

メモの取りかた

Condition A→B→Cと順番に読み上げられるとは限りませんので、**聞こえてきた順番に**メモを取っていきましょう。ただし、この形式でも**文字でのメモは避け、条件を満たしているなら○、満たしていないなら×、曖昧な場合は△や?のように、あらかじめ決めておいた記号でメモを取る**ようにしましょう。

演 習

1 左ページを踏まえ、話を聞き、示された条件に最も合うものを、4つの選択肢のうちから1つ選びなさい。後の表（ MEMO ）を参考にしてメモを取ってもかまいません。 🔊 TRACK 110

状況
あなたはレストランを選ぶために、4人のレストランの紹介を聞いています。
あなたが考えている条件
A. 眺めがよいこと
B. 予約しやすいこと
C. くつろいだ雰囲気であること

MEMO

Restaurants		Condition A	Condition B	Condition C
㋐	Freddy's Diner			
㋑	Taste Kitchen			
㋒	Sea Chef			
㋓	The Grand Bistro			

2 左ページを参考に各条件を表す英語を予想しなさい。その後話を聞き、示された条件に最も合うものを、4つの選択肢のうちから1つ選びなさい。後の表（2つめの MEMO ）を参考にしてメモを取ってもかまいません。（※条件の英語は必要に応じて1つめの MEMO に書き込み可。） 🔊 TRACK 111

状況
あなたは妹と見るDVDを決めるために、4人のDVDの紹介を聞いています。
あなたが考えている条件   MEMO
A. 2時間以内であること　➡ _____
B. 過去3年以内の作品であること　➡ _____
C. フィクションであること　➡ _____

MEMO

Restaurants		Condition A	Condition B	Condition C
㋐	My Life			
㋑	Planet X			
㋒	Over the Sky			
㋓	Secret Hearts			

✔ CHECK
37講で学んだこと

☐ 条件に合うものを選ぶ問題では、まず状況からテーマを確認する
☐ 条件が英語でどのように説明されるかを考えておく
☐ 各条件を表の欄の上に簡潔な英語で書いておく

38講　時間に関する英語を聞き取って表を埋めよう！

予定表・時刻表問題

[▶ ここからつなげる] バス・飛行機の時刻表などの時間が関係するアナウンスを聞き、表を埋める問題に取り組みます。delayed（遅延）、canceled（キャンセル）、on time（定刻通り）といった表現や、時間に関する表現を聞き逃さないように注意しましょう。

考えてみよう

あなたは、海外を旅行中に、空港で飛行機の時刻表の変更についての説明を聞いています。話を聞き、次の表の4つの空欄に入れるのに最も適切なものを、6つの選択肢のうちから1つずつ選びなさい。 [TRACK 112]

Time	Destination	Flight	Gate	Status
10:50	Vancouver	263A	30	〈[1]〉
11:35	Paris	321E	1	〈[2]〉
12:10	New York	92D	18	〈DELAYED〉 New departure time: [3]
[4]	Paris	11B	27	〈ON TIME〉

㋐ 12:15　　㋑ 12:30　　㋒ 12:40
㋓ 12:50　　㋔ CANCELLED　　㋕ GATE CHANGE

手順1 問題文からテーマを確認し、時刻表から英語の内容を予想する

問題文から**飛行機の時刻表の変更**が**テーマ**だとわかります。次に**時刻表を読む**と、**Time**（時刻）、**Destination**（目的地）、**Flight**（便）、**Gate**（ゲート）、**Status**（状況）について言及されるとわかります。

手順2 時刻表の空所から聞き取りのポイントを確認しておく

時刻表のどこに空所があるかを確認し、それぞれ**聞き取りのポイント**を予想します。

① [1]、[2] ➡ **Status（状況）**

他のStatusの欄に〈DELAYED〉（遅延）や〈ON TIME〉（定刻通り）とあるため、㋔ **CANCELLED** と㋕ **GATE CHANGE**（ゲート変更）**のどちらが入るのか**が**聞き取りのポイント**となりそうです。

② [3]、[4] ➡ **Time（時刻）**

[3] には**New departure time**（新しい出発時刻）、[4] にも**Time**（時刻）が入るので、㋐～㋓**のどの時刻が入るか**が**聞き取りポイント**となります。**便名・時刻・目的地**が聞こえてきたら、**各聞き取りのポイントを聞き逃さない**ように集中して聞きましょう。

手順3 選択肢を頭の中で発音しておく

選択肢を頭の中で**読み上げて準備**しておきましょう。時刻の場合は、㋐の12:15（twelve fifteen / (a) quarter past twelve）のように**読みかたが複数ある**ものや、㋐12:**15**（fif<u>teen</u>）と㋓12:**50**（fif<u>ty</u>）のように**発音が紛らわしい**ものに注意が必要です。

 [考えてみよう] の解答　[演][習] [1] の解答を参照ください。

演 習

1 あなたは、海外を旅行中に、空港で飛行機の時刻表の変更についての説明を聞いています。左ページの準備を踏まえて話を聞き、次の表の4つの空欄に入れるのに最も適切なものを、6つの選択肢のうちから1つずつ選びなさい。 🔊 TRACK 113

Time	Destination	Flight	Gate	Status
10:50	Vancouver	263A	30	⟨ 1 ⟩
11:35	Paris	321E	1	⟨ 2 ⟩
12:10	New York	92D	18	⟨DELAYED⟩ New departure time: 3
4	Paris	11B	27	⟨ON TIME⟩

ⓐ 12:15　　　　ⓘ 12:30　　　　ⓤ 12:40
ⓔ 12:50　　　　ⓞ CANCELLED　　　　ⓚ GATE CHANGE

1	2	3	4

2 あなたは、留学先の高校で、担任の先生から時間割の変更についての説明を聞いています。左ページを参考に、テーマを確認した上で聞き取りのポイントを見つけ、（　　　）に書きなさい。その後話を聞き、次の表の4つの空欄に入れるのに最も適切なものを、6つの選択肢のうちから1つずつ選びなさい。 🔊 TRACK 114

Schedule for This Week			
Period	Monday (Today)	Tuesday	Wednesday
1	History	3	Spanish
2	English	Gym	Math
3	1	Geography	English
Lunch			
4	Music	English	4
5	2	Art	Physics
6	Cleanup	Chemistry	Classics

ⓐ Biology
ⓘ Gym
ⓤ History
ⓔ Math
ⓞ Physics
ⓚ Spanish

聞き取りのポイント 曜日＋何限目か＋（　　　　　　　　　）

1	2	3	4

✔ CHECK
38講で学んだこと

☐ 予定表・時刻表問題では、まず時刻表から英語の内容を予想する
☐ 空所から聞き取りのポイントを確認する
☐ 複数の読み上げかたがある時刻や、発音が紛らわしい時刻に注意する

39講　講義を聞いて表を埋めよう！

ワークシートの穴埋め問題

▶ここからつなげる　講義の内容をまとめた表を埋める練習をしましょう。表の項目に含まれるフレーズは、どのような英語が流れてくるかを予想するのに役立ち、また正解につながる情報を聞き取るための重要なヒントにもなります。

考えてみよう

講義を聞き、ワークシートの空欄に入れるのに最も適切なものを、6つの選択肢のうちから1つずつ選びなさい。 🔊 TRACK 115

状況　あなたは大学で、農業についての講義を、メモを取りながら聞いています。

	The Netherlands	Japan
Land area	small	small
Agriculture style	1	2
Agricultural workers	3	4

ⓐ　by hand　　ⓘ　large scale
ⓒ　automated　ⓔ　increasing
ⓞ　younger　　ⓚ　older

手順1　状況からテーマを確認し、英語に直しておく

状況から農業がテーマだとわかります。テーマを agriculture /ǽgrikʌltʃər/「ェアグリカルチャァ」と英語に直しておきましょう。

手順2　表の見出しからテーマに関してどのようなことが話されるか確認する

表の見出しから、具体的にどのようなことが話されるかわかります。今回は、表の1番上の行や1番左の列にある見出しから、The Netherlands /néðərləndz/「ネザァランヅ」（オランダ）と Japan の農業に関して Land area（土地）、Agriculture style（農業のスタイル）、Agricultural workers（農作業者）について述べられるようです。表の見出しは、正解を選ぶために集中して聞くべきところのヒントとなるので、必ず読んでおきましょう。

手順3　選択肢を分類できるか確認する

選択肢が表のどの項目に関するものなのか分類してみましょう。場合によっては、各空所に対する選択肢を事前に2・3択に絞ることができます。今回は選択肢を以下のように分類できます。この形式では、これらの選択肢が聞き取りのポイントです。

① ⓐ by hand（手で）、ⓘ large scale（大規模）、ⓒ automated /ɔ́ːtəmeitəd/「オートメイティ（ド）」「自動化された」
　　➡ 1 、 2 （Agriculture style）

② ⓔ increasing（増加）、ⓞ younger（より若い）、ⓚ older（より年上）
　　➡ 3 、 4 （Agricultural workers）

 聞きながら直接的に選択肢を書き込みます。難しければ、automaticのaなど、簡単なメモを残しましょう。

演習

1 左ページを踏まえて講義を聞き、ワークシートの空欄に入れるのに最も適切なものを、6つの選択肢のうちから1つずつ選びなさい。🔊 TRACK 116

状況
あなたは大学で、農業についての講義を、メモを取りながら聞いています。

	The Netherlands	Japan
Land area	small	small
Agriculture style	1	2
Agricultural workers	3	4

- ㋐ by hand
- ㋑ large scale
- ㋒ automated
- ㋓ increasing
- ㋔ younger
- ㋕ older

1	2	3	4

2 左ページを参考に状況から講義のテーマを確認し、それを英語にして、（　　）に書きなさい。次に、選択肢を分類しなさい。その後講義を聞き、ワークシートの空欄に入れるのに最も適切なものを、6つの選択肢のうちから1つずつ選びなさい。🔊 TRACK 117

状況
あなたは大学で、嘘についての講義を、メモを取りながら聞いています。

	White lies	Blue lies
Reason	1 benefit	2 benefit
How the liar feels	positive	positive
General belief	3	4

- ㋐ one's group's
- ㋑ one's own
- ㋒ someone else's
- ㋓ bad
- ㋔ innocent
- ㋕ self-interested

テーマ 嘘について ➡ ［telling］(　　　　　　　)

| 1 | ・ | 2 | に入る選択肢 ➡ _____
| 3 | ・ | 4 | に入る選択肢 ➡ _____

1	2	3	4

✔ CHECK
39講で学んだこと

- ☐ ワークシートの穴埋め問題では、まず状況からテーマを確認し、英語にしておく
- ☐ 表の見出しから具体的な内容を確認する
- ☐ どの項目に関係する選択肢なのかを分類しておく

40講　長めの講義を聞いて、正しい情報を選ぼう！
長めの講義の内容一致問題

▶ **ここからつなげる** 内容一致問題はこれまでにも扱っていますが、今回は長めの講義を聞いての内容一致問題です。聞き取る英語が長くなっても、極力メモを取らなくていいように丁寧に事前の準備をしておきましょう。

考えてみよう

講義を聞き、問いの答えとして最も適切なものを選びなさい。 TRACK 118

問　Which is true according to the passage?

㋐ Manufacturing hasn't been affected by robots.

㋑ Many workers in the U.S. are scared of working with robots.

㋒ The demand for labor has increased in some fields thanks to robots.

㋓ William Rodgers had his wage reduced due to robots.

手順1 状況や選択肢からテーマを探る

状況が書いてある場合は、そこから**テーマ**を確認します。**状況が書かれていない場合は、選択肢の同じところを探すことでテーマを絞っておきましょう。**今回は全ての選択肢に **robots** が含まれており、さらに㋐ manufacturing（製造業）、㋑ many workers / working、㋒ the demand for labor（労働需要）、㋓ wage などの**労働に関するフレーズ**が含まれていることから、**ロボットと労働（仕事）**がテーマだとわかります。

手順2 選択肢の概要を確認する

選択肢を読み、**対の関係性**などが見つかる場合は、これまでと同じ方法で**聞き取りのポイント**を探しましょう。ただし、今回のように**選択肢が一見バラバラ**な場合は、**各選択肢が「何について」なのかキーフレーズを探し**、そして選択肢が**テーマに対して肯定的（賛成）か否定的（反対）か**（またはどちらでもない・無関係）を確認して、**選択肢の概要をつかんでおく**と選択しやすくなります。

① ロボット・労働について肯定的（賛成）

㋐ **Manufacturing hasn't been affected** by robots.
製造業はロボットによって**影響を受けていない**。

㋒ **The demand for labor has increased in some fields** thanks to robots.
ロボットのおかげで**労働需要が高まった分野がある**。

② ロボット・労働について否定的（反対）

㋑ Many workers in the U.S. are **scared of working with robots**.
アメリカの多くの労働者が**ロボットと働くことを恐れている**。

㋓ **William Rodgers had his wage reduced** due to robots.
ウィリアム・ロジャーはロボットのせいで**賃金が減った**。

チェックしたフレーズと似たような内容が聞こえてきたら、**特に集中して聞きましょう。**長い英語の場合は、選択肢はあまり言い換えられていないので、準備をしておくと格段に聞き取りやすくなりますよ。

考えてみよう の解答 **演習** ①の解答を参照ください。

演 習

1 左ページを踏まえて講義を聞き、問いの答えとして最も適切なものを選びなさい。 🔊 TRACK 119

問　Which is true according to the passage?

(ア)　Manufacturing hasn't been affected by robots.

(イ)　Many workers in the U.S. are scared of working with robots.

(ウ)　The demand for labor has increased in some fields thanks to robots.

(エ)　William Rodgers had his wage reduced due to robots.

2 左ページを参考にまずテーマを確認し、( )に書きなさい。次に各選択肢のキーフレーズ となる部分を判断し、選択肢がテーマに対して肯定的（＋）か否定的（－）か分類しなさい。そ の後講義を聞いて、問いの答えとして最も適切なものを選びなさい。（※キーフレーズは必要 に応じて下線を引いても可。） 🔊 TRACK 120

問　Which is true according to the passage?　　　肯定・否定

(ア)　Children are more interested in learning outdoors than indoors.　➡　＋ / －

(イ)　Having a view of nature can have academic benefits for children.　➡　＋ / －

(ウ)　Outdoor activities won't affect children's concentration at all.　➡　＋ / －

(エ)　Some children hate spending a long time in nature.　➡　＋ / －

テーマ　子ども＋（ 　　　　　　　 ）＋学習について

✔ CHECK
40講で学んだこと

☐ 長めの講義の内容一致問題では、まず状況や選択肢からテーマを探る
☐ 選択肢のキーフレーズを確認し、概要をつかんでおく
☐ 選択肢がテーマに関して肯定的・否定的かを確認する

長いモノローグ系問題 ── 40講 ▼ 長めの講義の内容一致問題

Chapter **4**

41講　長めの講義を聞いて、内容に不適切なものを選ぼう!

内容不一致問題

▶ここからつなげる　40講と同じように講義を聞く問題ですが、今回は講義の内容に適さないものを選ぶ形式です。4つの選択肢のうち3つが正しい情報ということになりますので、選択肢を丁寧に読んでおくことで大まかな内容がつかめます。

考えてみよう

講義を聞き、問いの答えとして最も適切なものを選びなさい。　🔊 TRACK 121

問　Which of the following is NOT mentioned as something dogs can help people do?

- ㋐　Feel comfortable
- ㋑　Improve their teamwork
- ㋒　Trust others
- ㋓　Work quickly

手順1　状況・問い・選択肢からテーマを探る

状況が書いてある場合は、そこから**テーマ**を確認します。今回は状況が書かれていませんので、問いを見てみましょう。問いに**something dogs can help people do**（犬が人々がする役に立てること）と**具体的なフレーズ**が含まれているので、これがテーマだと予想できます。

> 状況が書かれていなくても、問いや選択肢などを読むことでテーマが予想できることはとても多いです。見逃さないようにしましょう!

手順2　選択肢からキーフレーズを見つけておく

この形式は**正解以外の選択肢が正しいことを述べている**ので、**丁寧に読んで内容を確認しておき**ましょう。聞き取りのポイントになる**キーフレーズ**を見つけておくことで聞き取りやすくなります。また時間がある場合は、**選択肢（キーフレーズ）の言い換えや関連フレーズ**も考えておきましょう。

- ㋐　**Feel comfortable**　　　　（犬が人に）快適に感じさせる
  - ➡ feel relaxed　など
- ㋑　**Improve their teamwork**　（犬が人の）チームワークを向上させる
  - ➡ get a better sense of how to work as a team　など
- ㋒　**Trust others**　　　　　　（犬が人に）他者を信頼させる
  - ➡ rely on others　など
- ㋓　**Work quickly**　　　　　　（犬が人を）素早く働かせる
  - ➡ quick at their work　など

英語が流れているときにすべきこと

繰り返しになりますが、この形式の選択肢は、**1つを除く全ての選択肢が正しいこと**になります。そのため、英語が流れている間メモは取らずに、**選択肢内のキーフレーズやそれらに類似したフレーズが聞こえてきた順番に、該当する選択肢を消していく**という解きかたが効率的です。

[演][習]

1 左ページを踏まえて講義を聞き、問いの答えとして最も適切なものを選びなさい。 TRACK 122

問　Which of the following is NOT mentioned as something dogs can help people do?

㋐ Feel comfortable

㋑ Improve their teamwork

㋒ Trust others

㋓ Work quickly

2 左ページを参考に、テーマを確認し、(　　)に書きなさい。次に選択肢を確認し、それぞれの言い換え・関連フレーズを予想しなさい。その後講義を聞き、問いの答えとして最も適切なものを選びなさい。(※言い換え・関連フレーズは必要に応じて[MEMO]に書き込み可。) TRACK 123

① Which of the following is NOT mentioned as a characteristic of iGens?

[MEMO]

㋐ Emotional problems ➡ ____________________

㋑ Less independence ➡ ____________________

㋒ Respect for others ➡ ____________________

㋓ Technical skills ➡ ____________________

[テーマ] (　　　　　　　　　)の特徴について

①

② Which of the following is NOT mentioned as something that makes people happy about volunteering?

[MEMO]

㋐ Moderate exercise ➡ ____________________

㋑ New skills ➡ ____________________

㋒ Pleasure from doing good deeds ➡ ____________________

㋓ Social ties ➡ ____________________

[テーマ] ボランティアの何が人々を(　　　　　　　　　)にするのかについて

②

✔ CHECK
41講で学んだこと

☐ 内容不一致問題では、選択肢からキーフレーズを見つけ、言い換えや関連フレーズを考えておく
☐ 選択肢内のキーフレーズや類似したフレーズが聞こえてきたら選択肢を消していく

42講 長めの講義を聞いて、正しい情報を選ぼう！

ワークシート＋内容一致問題

▶ **ここからつなげる** 39・40講の問題を合わせた総合問題に挑戦しましょう。問題は多くなりますが、やるべきことはこれまで確認してきた通りです。これまでの集大成として、落ち着いて取り組んでみてくださいね。

考えてみよう

右のページの **1** の問題について、以下の手順に基づき、実際に自分で準備をした上で取り組んでみましょう。 🔊 **TRACK 124**

手順 1 **状況からテーマを確認し、英語に直しておく**

状況から今回は**言語**、つまりlanguageが**テーマ**だとわかります。

手順 2 **ワークシートを読んで、どのような内容が話されるか確認する**

まず**ワークシートの冒頭**から、exchange of words（単語の交換）からgrammar（文法）へと移行するという内容を読み取ります。また ⬚1⬚ を含む文から、この**Language contact、lead to、new languages** に類する**フレーズ**が聞こえてきたときには、問1の**答えになるフレーズが続く可能性が高く**、より一層注意して聞かなければならないことがわかります。その後問1の選択肢を読みます。全部読む時間がない場合でも、**最初だけでも読んでおく**と答えを聞き取りやすくなります。次に**表のタイトルや見出しを読みましょう**。表のタイトルから言語に関してpidginやcreoleというものが登場し、特に表の1番左の列にある見出しからそれぞれの**Vocabulary**（語彙）、**Grammar**（文法）、**Status**（立場）などの**features**（特徴）が**聞き取りのポイント**だとわかります。問2の選択肢は短いので、読んで表のどの項目に当てはまるか分類しておき、音声を聞きながら書き入れられるよう準備をしておきましょう。

 各問題の選択肢も読んでおくのが理想的ですが、時間が足りない場合はワークシートを読んでおくだけでも非常に聞き取りやすくなります。

手順 3 **内容一致問題の選択肢の概要を確認する**

選択肢を読み、**対の関係性**があったり、ある程度**まとまり**が作れたりする場合は、これまでと同じ方法で**聞き取りのポイント**を探しましょう。ただし、今回の問3のように**選択肢が一見バラバラ**な場合は、**各選択肢が「何について」**なのかキーフレーズを探しておきます。そうすることで、**似たようなフレーズが聞こえてきたときに選択肢を選ぶ**ことができるようになります。また、講義形式の長い読み上げ文の**内容一致問題**は、**該当する箇所が読み上げの後半に出てくる**傾向にあります。途中で聞き取れなくなっても、仕切り直して最後の部分だけでも聞くようにしましょう。

 限られた時間の中で準備をするのは難しいですが、まずは時間を気にせずに丁寧に準備するクセをつけ、習慣になるまで繰り返しましょう。繰り返すことでコツがつかめるようになり、さらに速度も増してきます。

演習

1 講義を聞き、問いに答えなさい。 🔊 TRACK 125

> <u>状況</u>
> あなたは大学で、言語についての講義を、ワークシートにメモを取りながら聞いています。

ワークシート

> exchange of words →→ grammar
> ○ Language contact will lead to [1] new languages.
>
> ○ Some Features of Pidgin and Creole
>
> | | Pidgin | Creole |
> |---|---|---|
> | Vocabulary | 2 | 3 |
> | Grammar | 4 | 5 |
> | Status | second language | native tongue |

問1 ワークシートの空欄1に入れるのに最も適切なものを、4つの選択肢のうちから1つ選びなさい。

ⓐ a decrease in the number of words of
ⓘ an increase in the influence of
ⓤ borrowing vocabulary from
ⓔ the formation of

> 問1

問2 ワークシートの空欄2〜5に入れるのに最も適切なものを、6つの選択肢のうちから1つずつ選びなさい。選択肢は2回以上使ってもかまいません。

ⓐ large　　ⓘ limited　　ⓤ rare
ⓔ clear　　ⓞ stable　　ⓚ vague

> 問2 2
>
> 問2 3
>
> 問2 4
>
> 問2 5

問3 講義の内容と一致するものはどれか。最も適切なものを、4つの選択肢のうちから1つ選びなさい。

ⓐ Some groups encourage people to minimize language differences.
ⓘ Some people are trying to stop local tongues from disappearing from the earth.
ⓤ Some people say some varieties of English will be endangered in a few years.
ⓔ Some speakers will research more about local traditions.

> 問3

 ✔ CHECK
42講で学んだこと

☐ ワークシート＋内容一致問題では、ワークシートを読んで、どのような内容が話されるかを確認する
☐ 選択肢を全て読む時間がない場合は、最初だけでも読んでおく
☐ 長い英語の内容一致問題は、該当する箇所が後半に出てくる傾向がある

河合塾講師。「英語問題作成所」ディレクター。高校での指導経験のほか、米国でインターンとしての指導経験を持つ。河合塾では文法からリスニングまでの幅広いジャンル、基礎から難関までの幅広いレベルの講座や映像授業を担当し、同時に教材の執筆も手掛けている。TOEIC L&R 990点満点。著書に『キリトリ式でペラっとスタディ！中学英語の総復習ドリル』(学研)。

著者 高山のぞみ

KOKOKARA DRILL SERIES
大学入試 TSUNAGERU

高山のここからつなげる英語リスニングドリル

PRODUCTION STAFF

ブックデザイン	植草可純　前田歩来（APRON）
著者イラスト	芦野公平
本文イラスト	近藤圭恵
企画編集	髙橋龍之助（Gakken）
編集担当	髙橋龍之助　木村叡（Gakken）
編集協力	株式会社 オルタナプロ
校正	工藤竜暉　高木直子
英文校閲	日本アイアール株式会社
販売担当	永峰威世紀（Gakken）
音声収録	（財）英語教育協議会
データ作成	株式会社 四国写研
印刷	株式会社 リーブルテック

KOKOKARA DRILL SERIES

大学
TSUNAGERU
入試

高山のここからつなげる英語リスニングドリル

別 冊

解答
解説

Answer and Explanation
A Workbook for Achieving Complete Mastery
English Listening by Nozomi Takayama

Gakken

高山のここからつなげる英語リスニングドリル

別冊 解答解説

答え合わせのあと
必ず解説も読んで
理解を深めよう

MEMO

言い換え選択問題①

1 ㋐

2 ① ㋐ 〔聞き取りのポイント〕会える

② ㋒ 〔聞き取りのポイント〕休んだ

1

〔正解〕㋐

〔スクリプト〕Carla lent me her umbrella yesterday. I have to return it to her when I see her next time.

〔訳〕カーラは昨日私に自分の傘を貸してくれた。次会うときに、彼女に傘を返さないと。

㋐ 話し手はカーラから傘を借りた。

㋑ 話し手はお返しにカーラに傘を買ってあげた。

㋒ 話し手は昨日カーラに傘を返した。

㋓ 話し手は次回カーラに傘を貸してあげるつもりだ。

読み上げられた文（**カーラは昨日私に自分の傘を貸してくれた**）の主語を変更し、（**話し手はカーラから傘を借りた**）と言い換えた㋐が正解です。短文内容一致問題では、主語を変更するなどして、読み上げ文で表された出来事を別の視点から言い換えた正解選択肢を含む問題がよく出題されます。

▶ 音のポイント

単語の最後の /t/ ははっきり聞こえないことが多いため、lent me は「レン(ト)ミ」のように聞こえます。また、return it は**子音と母音がつながり**、さらに it の **/t/ ははっきり聞こえない**ため、「ゥリターニッ(ト)」のように聞こえます。

2

① 〔正解〕㋐

〔スクリプト〕I'd like to stop by to see Nancy, but I have to go straight home.

〔訳〕ナンシーに会うために立ち寄りたいんだけど、家にまっすぐ帰らなければならない。

㋐ 話し手はナンシーに会えない。

㋑ 話し手はナンシーの家にいる。

㋒ 話し手はナンシーを引き留めた。

㋓ 話し手は家にいるつもりだ。

〔聞き取りのポイント〕

テーマは話し手とナンシーに関する内容だとわかります。また㋐・㋑を見ると、**話し手がナンシーに会えるかどうかが対の関係**になっているため、これが**聞き取りのポイント**のようです。

I'd like to stop by(立ち寄りたい)と **but** I have to go straight home(でも家にまっすぐ帰らなければならない)から、話し手はナンシーに会わずに家に帰らなければならない＝**ナンシーに会えない**ことがわかるため、㋐が正解です。リスニングでも but などの逆接の表現の後ろには重要なフレーズが続くことが多いので注意しましょう。

▶ 音のポイント

単語の最後の /p/ ははっきり聞こえないことが多い上に、stop /p/ と by の /b/ は**発音方法が似ている音**であるため /p/ は聞こえなくなり、stop by(立ち寄る)は🇺🇸(アメリカ英語)では「スタッ(プ)バィ」、🇬🇧(イギリス英語)では「ストッ(プ)バィ」のように聞こえます。

② 〔正解〕㋒

〔スクリプト〕None of the students except for Luna missed a class.

〔訳〕ルナ以外の生徒は誰も授業を欠席しなかった。

㋐ ルナを含む全生徒が授業を欠席した。

㋑ ルナはそのクラスの生徒の誰も恋しく思わなかった。

㋒ ルナは授業を休んだ唯一の生徒だった。

㋓ ルナ以外の生徒は誰も授業に出席しなかった。

〔聞き取りのポイント〕

テーマは生徒・ルナ・授業に関する内容で、特に㋐・㋒・㋓で、ルナが授業を休んだかどうかが変わっていることから、これが**聞き取りのポイント**になりそうです。また、㋑は他の選択肢と大きく意味が違うため、miss の音だけを聞き取れた人をひっかけるための**読み上げ文と同じ音の単語を使った音のひっかけ選択肢**だと予想できます。

None of the students except for Luna（ルナを除いた生徒のうちの誰も…ない）を聞き取り、理解できたかがポイントです。

▶ 音のポイント

none of は**つながり**「ナンノヴ」、また missed a も**つながり**「ミスダ」のように聞こえることがあります。

リスニングってどうやって勉強するの？①

大前提として、**リスニング力のみを高めることは難しい**です。というのも、スクリプトを見ても（読んでも）意味が分からない状態では、それを聞いても意味がわからないはずだからです。**正しい発音・アクセントを含む単語の知識**、カタマリで読み上げられたときにどのような音の変化が起こるかという音の知識、聞き取りづらい音を補って理解するための文法力、文章のテーマをつかむ読解力など、リスニングには英語の総合力が必要であることを意識して勉強を進める必要があります。その上でリスニングに特化した勉強法を考えてみると、読解に「精読」と「多読」があるように、リスニングも日常的に「丁寧に聞くこと」（精聴）と「たくさん聞くこと」（多聴）の2つの練習が必要です。それに加えて、試験対策としては「問題を解くこと」も必要だと思います。

Chapter 1　02講　演習の問題 → 本冊 P.21

言い換え選択問題②

---

❶ ㋓
❷ ①㋑　聞き取りのポイント 寝る〔寝ている〕
　　②㋒　聞き取りのポイント プロジェクト／聞く

---

❶

① 正解 ㋓
スクリプト Could you let me know Lisa's arrival time, please?
訳 リサの到着時間を私に教えてくれませんか？
㋐ 話し手はリサに時間通りに到着するように頼んでいる。
㋑ 話し手はリサに到着時刻を知らせている。
㋒ 話し手はリサが何時に到着するか知っている。
㋓ 話し手はリサがいつ到着するか知りたがっている。
Could you let me know …?（…を私に教えて〔知らせて〕くれませんか）という読み上げ文を The speaker を主語にして要約すると、「話し手は…を知りたがっている」とできるため、㋓が正解です。

この問題のように、読み上げ文が疑問文の場合、その疑問文の意図を選択させる問題も多いので、**依頼・提案・誘いなどのよく使われる疑問文のカタチ・意味・音を覚えておきましょう**。また、読み上げ文中の let me know …（私に…を知らせて）という**一部分だけを切り取って作られた選択肢㋑を選ばないよう注意**です。

▶ 音のポイント
let me … は let の /t/ の音が聞こえず、「レッ（ト）ミ」のように聞こえます。

---

❷

① 正解 ㋑
スクリプト My baby just went to sleep. Could you speak in a low voice, please?
訳 私の赤ちゃんはちょうど寝たところなんです。小さな声で話してくださいますか？
㋐ 話し手は誰にも話しかけたくない。
㋑ 話し手は自分の子どもを起こしたくない。
㋒ 話し手は寝ようとしている。
㋓ 話し手は自分の赤ちゃんを寝かしつけようとしている。

聞き取りのポイント
㋑（子どもを起こしたくない）と㋒（話し手は寝ようとしている）、㋓（赤ちゃんを寝かしつけようとしている）から、**誰が寝る〔寝ている〕のかが聞き取りのポイント**になりそうです。

2文から寝たばかりの赤ちゃんを起こしたくないという意図がくみ取れるため、㋑が正解です。

▶ 音のポイント
speak in a low … は「スピーキンナロゥ…」のように**つながって聞こえます**。

---

② 正解 ㋒
スクリプト Mr. Lee, I'd appreciate it if you could let me know the details of the project.
訳 リーさん、そのプロジェクトの詳細を私に教えていただければありがたいのですが。
㋐ 話し手はリーさんがそのプロジェクトに参加したことを感謝している。
㋑ 話し手はリーさんがそのプロジェクトについて知っていると思っていない。
㋒ 話し手はリーさんに何らかの情報を求めている。
㋓ 話し手はリーさんにそのプロジェクトについて詳しく伝えるつもりだ。

[聞き取りのポイント]
[ア]・[イ]・[エ]にthe projectが入っているので**プロジェクトに関する内容**だとわかります。また、[ウ](話し手はリーさんに何らかの**情報を求めている**)と[エ](話し手はリーさんにそのプロジェクトについて**詳しく伝える**つもりだ)が**対の関係**になっているため、**話し手はリーさんにプロジェクトに関する情報を伝えるのか、それとも聞くのか**が**聞き取りのポイント**となりそうです。

... let me know the details of the project(そのプロジェクトの詳細を私に教えて…)という読み上げ文の意図をThe speakerを主語にして(情報を求めている)と表した[ウ]が正解です。

▶ 音のポイント

appreciate itは特に🇺🇸で**/t/が「ら」のように聞こえたり子音と母音がつながったりする**ため「アプリーシエィリィッ(ト)」のように聞こえます。**I'd appreciate it if you could do ...(…してくださるとありがたいのですが)**は重要フレーズなので音と意味を覚えましょう。

[アドバイス]

リスニングってどうやって勉強するの?②

「**丁寧に聞く**」という勉強法について見ていきましょう。英語を聞き取ることを苦手に感じる原因の1つとして、**単語の知識(意味・スペルなど)と実際の音が結びついていない**ということが考えられます。そうなると聞き取れる単語・フレーズ自体が限られるため、**聞き取ることができた音だけに反応し、その音を含んだ音のひっかけ選択肢を選んでしまいがち**です。**単語の知識や聞こえる音を増やすために、英語を流して書き取る勉強(ディクテーション)を毎日5分ずつ継続して行う**ようにしましょう。

Chapter 1 **03講** [演][習]の問題 ➡ 本冊P.23

言い換え選択問題[3]

1 [イ]

2 ① [エ] [聞き取りのポイント] **公園〔外〕/ 家事〔掃除〕**
② [エ] [聞き取りのポイント] **買っている〔手に入れている〕/ 行ける**

1

[正解] [イ]

[スクリプト] I was going to attend your party today, but my son got a cold. I'll take him to the clinic.

[訳] 今日あなたのパーティーに出席する予定だったけど、息子が風邪をひいてしまったんです。彼を診療所に連れて行きます。

[ア] 話し手は今日風邪をひいた。
[イ] 話し手はおそらくパーティーには行かないだろう。
[ウ] 話し手の息子は診療所に行った。
[エ] 話し手の息子はパーティーに参加するだろう。

リスニングではbutの後ろには重要情報が続くことが多いです。[エ]には読み上げ文と似たフレーズattend the partyが含まれますが、聞き取れた音だけで反射的に選んでひっかからないように注意しましょう。この問題のように、短文内容一致問題では読み上げ文の内容を要約した選択肢を選ばせる問題がよく出題されます。

▶ 音のポイント

himは /h/ の音がはっきり聞こえず、「イム」のように聞こえるだけでなく、前の子音とつながることが多いです。今回はtakeとつながり、「ティキム」のように聞こえます。

2

① [正解] [エ]

[スクリプト] I cleaned my room yesterday because my mother told me to. After that, I went to the park.

[訳] 母がそうするように言ったので、私は昨日自分の部屋を掃除した。その後で、公園に行った。

[ア] 話し手は公園に行った後に部屋を掃除した。
[イ] 話し手は外に遊びに行く代わりに部屋を掃除した。
[ウ] 話し手の母親は話し手を外出させなかった。
[エ] 話し手の母親は話し手に家事をさせた。

[聞き取りのポイント]
テーマは話し手・掃除・母親・外出に関する内容のようです。[ア]～[ウ]から**話し手は公園〔外〕に行ったかどうか**、また[ア]・[イ]、特に[エ]から**母親は話し手に家事〔掃除〕をさせたかどうか**が**聞き取りのポイント**となりそうです。

cleaned my room(部屋を掃除した).... **After that,** I went to the park.(**その後で**、公園に行った)の

After thatを聞き取り、出来事の順番を理解しましょう。また、cleaned my roomが正解選択肢の㋴ではdo housework（家事をする）と言い換えられています。

▶ 音のポイント
went toは /t/ の音が重複しているため1度しか聞こえず、「ウェントゥ」のように聞こえます。

---

② 【正解】㋴
【スクリプト】Jane has just received news saying the concert for which she bought a ticket was called off.
🈁 ジェーンは、自分がチケットを買ったコンサートはキャンセルされたという知らせを、ちょうど受け取った。
㋐ ジェーンは自分が買ったチケットをちょうど受け取った。
㋑ ジェーンはチケットを手に入れるために電話した。
㋒ ジェーンはチケットを買うために早めにコンサートに行くだろう。
㋴ ジェーンはコンサートに行くことができないだろう。

【聞き取りのポイント】
ジェーン・チケット・コンサートに関する内容で、特に㋐・㋑と㋒ではジェーンはコンサートチケットをすでに買って〔手に入れて〕いるかどうかが対の関係になっており、㋒と㋴もコンサートに行けるかどうかが対の関係になっているので、この2点が聞き取りのポイントとなりそうです。

㋐の has just receivedや㋑のcallなどの読み上げ文に含まれる語と同じ音（単語）を使った音のひっかけ選択肢にひっかからないように注意しましょう。

▶ 音のポイント
最後の(was) called off（中止された）「コールドフ」が聞き取れたかがポイントです。また、news /njuːz/ は「ニュース」ではなく、「ニューズ」と発音されます。

【アドバイス】

ディクテーションはどうやったらいいの？
これからディクテーションを始める場合は、『高山のここからはじめる英語リスニング』などを使って1文中の空所を埋めるタイプからスタートすると取り組みやすいと思います。「1文につき3回まで

流す」などとルールを決め、ディクテーションした後にスクリプトを見て丸付けをします。その際に、自分がどの音（単語）を聞き取るのが苦手なのか確認をし、その単語を認識できるようになるまで音声を聞きます。加えて、聞こえてきた音をまねして音読すると、音同士のつながりなどをより理解できるでしょう。ある程度できるようになったら、単語帳の例文や『ここからはじめる』の英文を用いて1文をノートに書き出すディクテーションにレベルアップして、着実に力をつけていきましょう。

Chapter 1 **04**講 （演習）の問題 ➡ 本冊 P.25

イラスト選択問題①

---

1 ㋒
2 ① ㋴ 【聞き取りのポイント】ペンキ
② ㋐ 【聞き取りのポイント】何匹の犬 / 吠えている

1

【正解】㋒
【スクリプト】The boy's father is running ahead of the boy riding a bike.
🈁 男の子の父親は、自転車に乗っている男の子の前を走っている。
主語が男の子の父親であることと ahead of を聞き取ることで、2人の位置関係を理解しましょう。

▶ 音のポイント
ahead of ...「ァヘドヴ」（…の前に）はつながって聞こえます。

2

① 【正解】㋴
【スクリプト】The woman is having her husband paint the bench.
🈁 女性は夫にベンチをペンキで塗らせている。

【聞き取りのポイント】
女性・男性・ベンチに関する内容のようです。㋐と㋴ではペンキを塗るのが女性か男性かが対の関係になっていて、㋑と㋒も修理をするのが女性か男性かが対の関係になっています。そのため、

女性・男性のどちらがベンチにペンキを塗るか、またはベンチを修理するかの2点が聞き取りのポイントとなりそうです。

含まれそうなフレーズ
the woman［wife］、the man［husband］、the bench、paint、fix など

主語が女性であることと、have O do（Oに…させる）、paint O（Oにペンキを塗る）を聞き取り理解できれば㋓を選ぶことができます。聞き取りづらい音を知識で補うことができるように、文法や単語・フレーズの知識を増やすことを心がけましょう。

▶ 音のポイント
having の -ing は、はっきり「イング」とは発音されないため、「ハヴィン」のように聞こえます。have in と間違えないように注意しましょう。

② 正解 ㋐
スクリプト Both of the dogs are barking at the boy's dog.
訳 その犬の2匹ともがその男の子の犬に向かって吠えている。

聞き取りのポイント
テーマは男の子と犬に関する内容で、特に男の子が何匹の犬を連れているのか、どの犬がどの犬に向かって吠えているかの2点が聞き取りのポイントになりそうです。

含まれそうなフレーズ
two dogs、dog、bark /bɑ́rk/「バー（ク）」（吠える）、the boy など

主語 Both of the dogs（その犬の2匹とも）と、barking at ...（…に吠えている）の後ろが the boy's dog と単数形であることがポイントです。

▶ 音のポイント
複数形の -s の有無が重要です。この -s の音は聞き取りづらいことが多いので、two などの数字や周囲のヒントとなるものから音を補って理解しましょう。

アドバイス
リスニングってどうやって勉強するの？③

次に、「たくさん聞く」という勉強法についてです。この方法の教材にうってつけなのは、**すでに学習した長文の音声**です。構造を取ったり、単語を調べたりして丁寧に読んで内容を理解している長文の音声は、比較的聞き取りやすく感じると思います。そのような教材を使って、**英語の音やリズムなどに慣れ、内容を想像しながら聞けるように**訓練しましょう。次のステップとして、新しい（初見の）英語の音声も聞いてみる必要があります。その場合は、必ずスクリプトがあるものを用い、2・3回聞いたら**スクリプトを読んで、聞いたときに理解した内容とズレがないか**確認をしましょう。次に**スクリプト見ながら聞き**、聞き取れなかった単語、フレーズ、音のつながりなどを確認して、その後スクリプトなしで繰り返し聞くという手順で学習するのがおすすめです。

Chapter 1 **05**講 演習 の問題 ➡ 本冊P.27

イラスト選択問題２

1 ㋓
2 ① ㋓ 聞き取りのポイント 始まっていた / 座っていた〔立っていた〕
② ㋒ 聞き取りのポイント 出発した / 雨

1 正解 ㋓
スクリプト When I arrived at the restaurant, I saw that almost every seat at a large table was taken.
訳 私がレストランに着いたとき、大きなテーブルのほとんど全ての席が埋まっているのを見た。
almost every seat（ほとんど全ての席）から、全ての席が埋まっている㋒ではなく、1席空いている㋓を選びましょう。

▶ 音のポイント
almost every ...「オールモゥス（ト）エヴリ」（ほとんど全ての…）はよく使われるフレーズなので、音と意味を覚えておきましょう。

2
① 正解 ㋓
スクリプト The play had started before she found her

seat.
[訳] 彼女が自分の席を見つける前に、劇は始まっていた。

[聞き取りのポイント]
女性・座席に関する内容で、特に**劇が始まっていたかどうか、女性が座っていた〔立っていた〕か**どうかの**2点が聞き取りのポイント**になりそうです。

[含まれそうなフレーズ]
the play(劇)、**start**、**the woman**[**she**]、**seat**など

過去完了のhad started、before、過去形のfoundを聞き取り出来事の順番を理解しましょう。

▶ 音のポイント
過去完了had startedの**hadは「ド」「ァド」のように聞こえたり、「ド」と言う分の間が空いているだけのように感じられたりする**ので聞き取りづらいです。その後に続く**before**や、**herの /h/ が取れて前のfoundとつながって聞こえるfound her「ファゥンダー」が、過去完了を補って聞く際の大きなヒント**となります。動詞の形や時間を表す表現を聞き逃さないようにしましょう。

② [正解] ㋒
[スクリプト] It stopped raining as soon as Shinji left home for work.
[訳] シンジが仕事のために家を出るとすぐに雨が止んだ。

[聞き取りのポイント]
男性・家・会社・雨に関する内容で、特に**男性はどこから出発したところか、雨が降っていたかどうか**が**聞き取りのポイント**になりそうです。

[含まれそうなフレーズ]
the man[**he**]、**it stopped**[**started**] **raining**、**leave**、**home**、**office**[**work**]など

leaveはイラスト描写で用いられることも多いので、**leave O(Oを出発する)**、**leave for ...(…に向けて出発する)**や、この2つを合わせた**leave O for ...(Oを…に向けて出発する)**など、正しい使いかたを覚えましょう。

アドバイス 

リスニングってどうやって勉強するの?④

共通テストや資格試験などでリスニングの点数を取るには、これまでに紹介した精聴・多聴を継続的に行うことに加えて、**実際に問題を解いてみることが**重要です。この本で練習しているように、**問題を解く前にはすべきことがたくさんあります**。ディクテーションなどは、いわばリスニングにおける基礎体力をつけるための勉強で、**問題が解けるようになるためには実践を積む必要があります。**

Chapter 1 **06講** [演][習]の問題 ➡ 本冊P.29

イラスト選択問題[3]

1 ㋐
2 ①㋐ [聞き取りのポイント] **薬局 / パン屋**
②㋑ [聞き取りのポイント] **妊婦**

1
[正解] ㋐
[スクリプト] There's a bus stop next to the hospital, but there aren't any stations near there.
[訳] 病院の隣にバス停があるが、その近くには駅は全くない。

▶ 音のポイント
bus stopは**/s/の音が重複している**ため、「バスタッ(プ)」のように**1度しか聞こえてきません。**
There'sのs(is)は弱く短く読まれ、また前のthereとつながって聞こえます。それに対し、there aren'tの場合もつながって聞こえますが、**否定形なので母音がはっきりと聞こえます。**

2
① [正解] ㋐
[スクリプト] You can see the pharmacy on the corner across from the bakery.
[訳] パン屋の向かいの角には薬局が見える。

[聞き取りのポイント]
薬局・パン屋・地図に関する内容で、特に薬局と

パン屋がどこにあるかが聞き取りのポイントとなりそうです。

[含まれそうなフレーズ]
pharmacy、bakery、next to ...（…の隣）、across from ...（…の向かいに）など

on the corner（角に）と**across from the bakery（パン屋の向かいの）**を聞き取り、理解できたかがポイントです。

② [正解] [イ]
[スクリプト] Preschool children can ride this attraction with an adult. Pregnant women can't ride.
[訳] 就学前の子どもたちは大人と一緒にこの乗り物に乗ることができる。妊娠中の女性は乗ることができない。

[聞き取りのポイント]
テーマは子ども（と親）・妊婦・看板に関する内容で、幼稚園児が1人で利用できるかどうか、妊婦が利用できるかどうかが聞き取りのポイントとなりそうです。

[含まれそうなフレーズ]
small [young / little] kids [children]、with an adult、pregnant womenなど

with an adult（大人と一緒に）を聞き逃さないようにしましょう。また、看板に関する英語の場合、「…してもよい」「…してはならない」のような指示を出していることが多いため、can / can'tが用いられることが多いです。

▶ 音のポイント
an adultは**つながり**、「アナダゥ（ト）」のように聞こえます。また、**canは弱く読まれて /kən/「カン」や /kn/「クン」**のように聞こえるのに対し、**can'tは母音がはっきり聞こえるので**🇺🇸では/kǽnt/「ケァン（ト）」、🇬🇧では「カーン（ト）」のように聞こえます。**母音がはっきり聞こえることを手掛かりに否定のcan'tだと判断**しましょう。

アドバイス

内容を知っている英語と、内容を知らない英語、どちらを聞けばいいの？

先程も少し触れましたが、**リスニングの勉強を始めた段階では、内容を知っている英語（長文読解で使ったもの、すでに聞いたことがあるもの）などを多めに聞く**のが良いでしょう。それを使って、音同士のつながりなどのルールや英語のリズムなどに慣れ親しんだり、内容を理解する練習をしたりします。また、内容がわかっている英語だと聞き取りやすく、成功体験を積むことができ、**リスニングに対する心のハードルを下げることもできる**でしょう。「何度も聞いてしまうと内容を覚えてしまいそう…」という相談を受けることもありますが、**覚えることは良いこと**ですよ！　**単語の音やフレーズなどの様々な知識が身に着きます。**英語の音に慣れていくにつれて、徐々に新しい英文も聞くようにしましょう。

Chapter 1 **07講** [演][習]の問題 ➡ 本冊P.31

応答選択問題

1 [ウ]
2 ①[イ] [対応する疑問文] [ア]What [イ]How long
②[ウ] [対応する疑問文] [イ] mind [ウ] Can
③[ウ] [対応する疑問文] [ア] Where [ウ] What

1

[正解] [ウ]
[スクリプト] Are you leaving so soon? Why not stay longer?
[訳] こんなに早く出ちゃうの？もう少しいたらどう？
[ア] ここにいたいから。
[イ] もう出発する必要はないよ。
[ウ] ごめんね、でも行かないと。
[エ] うん、もうすぐ休暇なんだ。

Why not do ...?は（**…したらどう？**）と**提案を表す**ことができます。**冒頭のWhyだけに反応してBecauseで始まる[ア]を選ばない**ように注意しましょう。

2

① [正解] [イ]
[スクリプト] How long are you going to stay in this city?
[訳] どのくらいこの都市にいるつもりなの？

[テーマ]
㋑や㋒、㋓から、**時間に関すること**だと予想できます。

[訳]と[対応する疑問文]
㋐ 観光のためだよ。
⇒ **What's the purpose of your visit?** / 他にも **What did you come here for?** などがある
㋑ 明日発つつもりだよ。
⇒ **How long are you going to stay here?** / 他にも **When are you leaving?** などがある
㋒ 長くかからないよ。
⇒ **Will it take long ...?** / 他にも **How long will it take ...?** などがある
㋓ 先週からだよ。
⇒ **Since when ...?** / 他にも **When ...?** などがある
How long ...?（どのくらい…？）に反応して内容を考えずにForで始まっている㋐を選ばないように注意しましょう。また、㋓は（先週からいる）ことを意味し、これから先のことは述べていないことにも注意です。

② [正解]㋒
[スクリプト] Can I invite people you don't know to the party?
[訳] あなたが知らない人たちをパーティーに招待してもいい？

[テーマ]
共通しているものがないため、テーマの予想ができません。ただし、㋐～㋒には**noやnotのような否定語**、㋓には**Yesが含まれている**ので、**Yes / Noという返答が続くような英文**のようです。

[訳]と[対応する疑問文]
㋐ 彼らを知らないんだ。
⇒ **Do you know them?** など
㋑ いいえ、どうぞ。
⇒**Would you mind if I ...?** / 他にも **Do you mind me doing ...?** などがある
㋒ もちろん。
⇒ **Can I do ...?**などの許可を求める文 / 他にも **Why don't we ...?**などの誘いがある
㋓ はい。⇒ **Do you ...?**などの **Yes / No 疑問文**
Can I ...?（…してもいいですか？）に対する返答として、㋒Why not?を選びます。**Why not?は誘い・依頼・提案・申し出などに対して広くポジティブな返事をするときに用いられます。また、状況に応じて（もちろん）という意味にも（なぜダメなの？）という意味にもなります。**

③ [正解]㋒
[スクリプト] What do you say to going for a drive next weekend?
[訳] 来週末ドライブに行かない？

[テーマ]
同じところがないため予想がしにくいですが、具体的な内容がわかりそうな選択肢は㋐のみです。おそらく、**ビーチや運転〔ドライブ〕に関すること**ではないかと考えられます。

[訳]と[対応する疑問文]
㋐ ビーチに車で行ったんだ。
⇒ **Where did you go?** / 他にも **How did you go to the beach?** などがある
㋑ そうだろうと言ったよ。
⇒ **Did you say that you would do ...?** / 他にも **Would you do ...?**などがある
㋒ いいね。
⇒ **What do you say to doing ...?** / 他にも **Why don't we do ...?**、**What about doing ...?**などがある
㋓ まさか！（驚きを表す表現）
⇒ **Did you know ...?**など、何か驚くことの報告
What do you say to doing ...?（…はどうですか？）は誘うときに用いられる定番表現です。誘いに対する応答として適切なのは㋒となります。

アドバイス 

洋楽や動画はリスニングの勉強になるの？

洋楽・動画・映画・ドラマなどは英語を聞くための**基礎体力をつけたり、英語を話す雰囲気やテンポに慣れたりするためには効果的**でしょう。ですが、洋楽や動画だけでリスニングのテストの点数をあげることは残念ながら難しいと思います。**問題が解けるようになる**ためには、やはり**問題演習が必要**だからです。とはいえ、好きなことと英語をリンクさせることができれば、モチベーションを上げることにもつながります。楽しんで英語に触れることができるのは、良いことですね！

08講 (演)(習)の問題 → 本冊 P.33

動作の描写問題①

1 (ウ)
2 ① (エ) [聞き取りのポイント] 正しい / 誤っている
② (イ) [聞き取りのポイント] シャツ

1

[正解] (ウ)

[スクリプト] W: How about having a cup of coffee at the cafe?

M: I'd like to, but I have little money in my wallet.

W: Well, **I'll buy you a drink**.

M: Thanks! I'll pay you back tomorrow.

W: You don't have to do that. You helped me with my homework, so I'd like to do something in return.

(訳) 女性：カフェでコーヒーを飲むのはどう？

男性：そうしたいんだけど、財布の中にほとんどお金がないんだ。

女：それなら、私があなたに飲み物を買ってあげるわ。

男：ありがとう！明日返すよ。

女：その必要はないよ。あなたは私の宿題を手伝ってくれたから、お返しに何かしたいの。

問　女性は何をしたのか？

(ア) 彼女は男性に彼自身のコーヒー代を払わせた。

(イ) 彼女は家に財布を忘れてきた。

(ウ) 彼女は男性におごると申し出た。

(エ) 彼女はお金を男性に返した。

2度目の女性の発言 I'll buy you a drink（私があなたに飲み物を買ってあげるわ）を **treat O**（Oにおごる）を用いて言い換えた(ウ)が正解です。

▶ 音のポイント
have to の have は無声音 /t/ で始まる to の影響を受けて「ハァフ」「ハフ」のように聞こえます。

2

① [正解] (エ)

[スクリプト] W: You were late for class. I emailed you to say the room was changed.

M: Yeah, I read it. So I was waiting in Room 108, but nobody came. Luckily, I saw our teacher and he told me **the correct room**.

W: I'm sure I wrote "Room 103."

M: Really? I might have made a mistake reading it.

(訳) 女性：授業に遅れたね。あなたに教室が変わったと知らせるメールをしたのに。

男性：ああ、読んだよ。だから108教室で待っていたんだけど、**誰も来なかったんだ**。幸いにも、先生を見かけて、彼が僕に **正しい部屋を教えてくれたんだ**。

女：私は確かに「103教室」と書いたよ。

男：本当に？読み間違えたのかもしれないな。

問　男性は何をしたのか？

(ア) 彼はメールアドレスを変えた。

(イ) 彼はメールを正しく読んだ。

(ウ) 彼は108教室で女性を見かけた。

(エ) 彼は間違った教室に行った。

[聞き取りのポイント]
テーマは彼（**男性**）・メール・部屋（**108号室**）に関する内容で、特に(イ)に correctly、(エ)に wrong と**対の関係になる語が含まれている**ため、部屋やメールが正しいか誤っているかが**聞き取りのポイント**となりそうです。

男性の最初の発言に含まれる I was waiting in Room 108, **but nobody came**（108教室で待っていたんだけど、**誰も来なかったんだ**）や he told me **the correct room**（彼が僕に**正しい部屋を教えてくれたんだ**）などを、「間違った教室に行った」とまとめた(エ)が正解です。複数の動作をまとめて表すのは、定番の正解選択肢の作りかたです。また、読み上げ文に含まれた correct と似た correctly を用いて作られた**音のひっかけ選択肢**(イ)を選ばないように注意しましょう。

▶ 音のポイント
might have の have は、/h/ が聞こえなくなってさらに前の might とつながるため、「マイタヴ」のように聞こえます。

---

② [正解] (イ)

[スクリプト] W: I'd like to return this shirt I bought yesterday.

M: I see. Do you have the receipt? ... Thank you. Could you let me know why you want to return it?

W: **It doesn't fit me.** I should have bought a bigger size.

M: I'm afraid that you can't return it in that case, but I can exchange it.

🔊 女性：昨日買ったこのシャツを返品したいんです。

男性：わかりました。レシートをお持ちですか？…ありがとうございます。なぜそれを返品したいのか教えていただけますか？

女：**サイズが私に合わないんです。** もっと大きいサイズを買えばよかったわ。

男：残念ながら、そのような場合はご返品いただけないのですが、交換できますよ。

問　女性に何があったのか？

㋐ 彼女は大きいシャツを買った。
㋑ 彼女は間違ったサイズを買った。
㋒ 彼女はシャツを交換した。
㋓ 彼女はレシートを忘れた。

聞き取りのポイント

彼女（女性）、シャツ、購入に関する内容で、特に㋐・㋑（・㋒）からどのようなシャツを買ったのか（そしてそのシャツを返品したのか）が聞き取りのポイントになりそうです。

女性の2度目の発言 It doesn't fit me.（サイズが私に合わないんです）を、（間違ったサイズを買った）と言い換えた㋑が正解です。また、男性の最後の発言でシャツを交換できると述べられていますが、実際に女性が交換したかはわからないので、㋒を選ばないようにしましょう。

- -

▶ **音のポイント**
fit ○（○にサイズが合う）は**最後の /t/ がはっきり聞こえず、**「フィッ(ト)」のように聞こえます。また、should have の **have は /h/ が聞こえなくなってさらに前の should とつながるため、**「シュダヴ」のように聞こえます。

- -

┌─────────────────────────┐
│ **Chapter 2 09講**　演習の問題 → 本冊 P.35 │
│   │
│ **動作の描写問題②**   │
└─────────────────────────┘

1 ㋓
2 ① ㋑　聞き取りのポイント 映画／ドラマ
　　② ㋐　聞き取りのポイント 仕事

1

正解 ㋓

スクリプト M: Hey, do you know **Dave is in the hospital**?

W: Really? What happened to him?

M: It seems that he got into an accident while riding his bike and **broke his leg**.

W: That's too bad! When can he leave the hospital?

M: I don't know the details. **I'm just on my way to see him now.**

🔊 男性：ねえ、**デイヴが入院してるの知ってる？**

女性：本当に？彼に何があったの？

男：自転車に乗っている間に事故にあって、**足を骨折したみたいだよ。**

女：かわいそうに！彼はいつ退院できるの？

男：詳細は知らないんだ。**今ちょうど彼に会いに行くところなんだよ。**

問　会話の後に男性は何をするか？

㋐ 女性にデイヴがなぜ入院しているかたずねる
㋑ 女性を病院まで車で送る
㋒ 退院する準備をする
㋓ 入院しているけがした友人を訪ねる

男性が「これから」することを聞き取る問題なので、未来を表すフレーズを用いた（特に）男性の発言を注意深く聞く必要があります。男性の最後の発言 **I'm just on my way to see him**[＝Dave] **now.**（今ちょうど彼に会いに行くところなんだよ）を Visit his injured friend in hospital（入院しているけがした友人を訪ねる）と言い換えた㋓が正解です。

- -

▶ **音のポイント**
got into は、時に 🇺🇸 で /t/ が母音にはさまれて「ら」に近い音になり、into とつながって「ガリントゥ」のように聞こえます。

- -

2

① 正解 ㋑

スクリプト M: **Would you like to go to see a movie tonight?** I have two tickets.

W: I want to watch a drama on TV. How about tomorrow?

M: The movie is only showing until today. You can watch the drama later. Didn't you set your DVD player to record it?

W: I did. OK, **I'll go with you.**

🔊 男性：**今晩一緒に映画を見に行くのはどう？** チケットを2枚持っているんだ。

女性：テレビでドラマが見たいの。明日はどう？

男：映画は今日までしか上映してないんだ。ドラマ

は後で見れるよ。DVD プレーヤーに録画するよう設定をしなかったの？

女：したよ。わかった、**一緒に行くわ。**

問　女性は会話の後に何をするか？

㋐ 自分で映画のチケットを手に入れる

㋑ 男性と映画館に行く

㋒ 好きなテレビドラマの録画をする

㋓ 男性とドラマを見る

聞き取りのポイント
テーマは映画・ドラマに関する内容で、特に㋑・㋓から**女性は男性と映画を見るのか、またはドラマを見るのか**が聞き取りのポイントです。

Would you like to do …?（…するのはどう？、…したい？）は提案したり誘ったりするフレーズです。これを用いた男性の最初の発言 Would you like to go to see a movie tonight?（今晩一緒に映画を見に行くのはどう？）に対して、女性は最後の発言で OK, I'll go with you.（わかった、**一緒に行くわ**）と答えているので、㋑が正解です。

▶ 音のポイント
Would you like … の Would の /d/ と you の /j/ は混ざって「ウヂュ」と聞こえます。また、同様に don't の /t/ と you の /j/ も混ざって、「ドゥンチュ」のように聞こえます。

② **正解 ㋐**

スクリプト B: I'm thinking of getting a part-time job somewhere.

G: You're working at a supermarket, aren't you?

B: No, I quit a long time ago.

G: Well, **I'm selling bread at a bakery and the manager wants one more person on the sales floor.**

B: A bakery? That sounds interesting. **I'd like to talk to your manager.**

訳 男の子：どこかでバイトをしようと思っているんだ。

女の子：あなたはスーパーで働いているんだよね？

男：いいや、ずいぶん前に辞めたよ。

女：えっと、私はパン屋さんでパンを売ってて、店長が売り場にもう1人欲しがってるんだよね。

男：パン屋さん？面白そうだね。君の店長と話したいな。

問　男の子は次に何をしそうか？

㋐ 女の子と同じ仕事に申し込む

㋑ スーパーでの仕事を辞める

㋒ パンを焼く仕事を始める

㋓ 店長の仕事を引き継ぐ

聞き取りのポイント
仕事に関する内容で、仕事を始めるのか、辞めるのか＋どこで働く〔働いている〕のかが聞き取りのポイントになるようです。

未来を表す最初の男の子の発言 I'm thinking of getting a part-time job somewhere.（どこかでバイトをしようと思っているんだ）から、男の子がバイトを探していることがわかります。また、女の子の2度目の発言 I'm selling bread at a bakery and the manager wants one more person on the sales floor.（私はパン屋さんでパンを売ってて、店長が売り場にもう1人欲しがってるんだよね。）から女の子がパン屋でパンを売っていて、売り場の人手が不足していることが、男の子の最後の発言 I'd like to talk to your manager.（君の店長と話したいな）から男の子は女の子と同じパンを売る仕事をすることに興味を示していることがわかります。これらを**まとめた選択肢が㋐**です。

Chapter 2　**10 講**　演習の問題 → 本冊 P.37

動作の描写問題③

1 ㋒

2 ① ㋒　聞き取りのポイント どちらに乗る

② ㋐　聞き取りのポイント 課題

1

正解 ㋒

スクリプト M: Did we miss anything on the shopping list?

W: Tomatoes, potatoes, onions … OK, that's all. Let's go.

M: Oh, look over there. **Toilet paper is 40% off. Shall we buy one pack?**

W: We still have enough at home.

M: **It wouldn't hurt to have more.** It's so cheap!

W: Um, **I guess you're right.**

訳 男性：買い物リストで何か見逃したものあった？

女性：トマト、ジャガイモ、玉ねぎ…よし、これで全部よ。行きましょう。

男：あ、あそこを見て。**トイレットペーパーが40%**

オフだよ。1パック買おうか？

女：家にまだ十分あるわ。

男：もっとあっても損にはならないよ。とっても安いよ！

女：うーん、**あなたの言う通りかもね。**

問　彼らは次に何をしそうか？

㋐ 野菜を袋詰めする

㋑ リストを確認する

㋒ トイレットペーパーを買う

㋓ 家に帰る

男性の最後の発言内の **It wouldn't hurt to have more** (toilet paper). (もっと（トイレットペーパーが）あっても損にはならないよ）に、女性が **Um, I guess you're right.** (うーん、**あなたの言う通りかもね**）と答えているので、㋒が正解だとわかります。**it wouldn't hurt to do ...（…しても損はない）**も覚えておきましょう。**会話内に全ての選択肢と関連しているフレーズが含まれています。音のひっかけ選択肢に注意です。**

2

① **正解** ㋒

スクリプト W: Excuse me, where can I have lunch?

M: There are some restaurants on the third floor. The escalator is over there.

W: OK. Oh, before lunch, I want to buy a toy for my son.

M: Then **you should take the elevator** to the sixth floor. You'll see a toy store on the right.

W: Than**k y**ou. **I'll do that.**

㋭ 女性：すみません、どこでお昼が食べられますか？

男性：3階にいくつかレストランがあります。エスカレーターはあちらです。

女：わかりました。あっ、お昼ご飯の前に、息子におもちゃを買いたいのですが。

男：それなら、**エレベーターを6階まで乗ってください。**右側におもちゃ屋さんが見えますよ。

女：ありがとう。**そうします。**

問　女性は会話後に、まず何をしそうか？

㋐ おもちゃを買う

㋑ 昼ご飯を食べる

㋒ エレベーターに乗る

㋓ エスカレーターに乗る

聞き取りのポイント
お店で何をするかに関する内容で、特に㋒・㋓からエスカレーターとエレベーターのどちらに乗るかが聞き取りのポイントになりそうです。

男性が最後の発言で **you should take the elevator**

to the sixth floor（**エレベーターを6階まで乗ってください**）と言っているのに対し、**女性が I'll do that.** (そうします）と答えているので、㋒が正解です。

② **正解** ㋐

スクリプト G: Have you finished the assignment for Mr. Hill's class yet?

B: **Not yet.** Actually, I stayed in bed all of last week because I had a bad cold.

G: We ha**ve** to hand it in tomorrow. **Why don't you explain your situation to him? I'm sure he would extend the deadline.**

B: **I hope so.**

㋭ 女の子：ヒル先生の授業の課題もう終わった？

男の子：まだなんだ。実はひどい風邪をひいたから、先週ずっと寝てたんだ。

女：明日提出しなきゃいけないよ。先生に状況を説明してみたら？きっと彼は締め切りを延ばしてくれると思うわ。

男：そうだといいな。

問　男の子は会話後に、まず何をしそうか？

㋐ 先生に締め切りを変えるようにお願いする

㋑ ヒル先生に課題を提出する

㋒ 風邪を治すために家にいる

㋓ 明日までに宿題を終わらせようとする

聞き取りのポイント
先生・課題に関する内容で、特に男の子が課題をどうするか（締め切りを変更してもらうように頼む・提出する・する）が聞き取りのポイントです。また、cold（風邪）という語も会話に登場する可能性がありそうです。

会話の冒頭部分から、**男の子は課題が終わっていない**ことがわかります。また、女の子が最後の発言で **Why don't you explain your situation to him? I'm sure he would extend the deadline.** (先生に状況を説明してみたら？きっと彼は締め切りを延ばしてくれると思うわ）と提案しており、男の子が肯定的な返答をしているため、女の子が提案した動作を次にする可能性が高いです。「締め切りを延ばしてもらう」ことを **ask O to do（Oに…することを頼む）**を用いて表した㋐が正解です。

Chapter 2 **11講** [演][習]の問題 ➡ 本冊P.39

発言を推測する問題

[1] ㋒
[2] ①㋒ [大まかな内容] ㋒ **願望** ㋓ **お礼**
②㋑ [大まかな内容] ㋐ **理由** ㋓ **方法**

[1]

[正解] ㋒

[スクリプト] G: Amy and I are going to see a movie. Will you come with us?

B: When?

G: Next Saturday. We were going to see one that starts at 2:00 in the afternoon, but we can change the time.

B: Um, I'm not sure if I'm free at that time. **I'll check my schedule later.**

[訳] 女の子：エイミーと私は映画を見に行く予定なの。私たちと一緒に来る？

男の子：いつ？

女：次の土曜日よ。午後の2時に始まる映画を見るつもりだったんだけど、時間は変えることもできるよ。

男：うーん、その時間が空いているかわからないな。**スケジュールを後で確認するね。**

問　女の子は次に何と言いそうか？

㋐ スケジュールを私たちのために変更できる？

㋑ そのときにあなたに会うのを楽しみにしているね。

㋒ うん。わかったら教えてね。

㋓ それなら、あなたに後で映画を見せるわ。

男の子の最後の発言で、**I'll check my schedule later.（スケジュールを後で確認するね）**と言っていることから、**Let me know when you find out.（予定がわかったら教えてね）**の㋒が答えだとわかります。会話に続く発言を問う問題では、特に会話の最後を聞き取ることが重要です。

[2]

① [正解] ㋒

[スクリプト] M: Where's the TV remote control? It's not in the same place as usual.

W: You mean it's not on the table? Well, I haven't used it since last night. How about on the TV stand?

M: It wasn't there, either.

W: I saw Kenny watching TV this morning. Maybe **he put it somewhere.**

[訳] 男性：テレビのリモコンはどこかな？いつもと同じところにないんだ。

女性：テーブルの上にないってこと？うーん、私は昨日の夜から使ってないわ。テレビ台の上はどう？

男：そこにもなかったんだ。

女：ケニーが今朝テレビを見ているのを見かけたわ。もしかしたら**彼がどこかに置いたのかもね。**

問　男性は次に何と言いそうか？

[訳]と[大まかな内容]

㋐ 彼はそれをテレビ台の上に置いたに違いない。
→彼がそれを置いたと断言している

㋑ 彼がそれをいつもの場所に置くのを見たんだ。
→彼がそれを置いたのを見たと報告している

㋒ 彼が物を元の所に戻してくれるといいんだけど。
→彼が物を置く場所について願望を言っている

㋓ テレビのリモコンを見つけてくれてありがとう。
→リモコンを見つけたことのお礼を言っている

[テーマ]
リビングやテレビのリモコンに関する内容で、特に㋐・㋑・㋒から**「彼」が物（テレビのリモコン？）をどこに置いたのか**がテーマのようです。

会話の冒頭から、2人がリモコンを見つけられないことがわかります。女性の最後の発言Maybe **he** [= Kenny] **put it somewhere.**（もしかしたら**彼がどこかに置いたのかもね**）から、**ケニーが原因でリモコンがどこにあるのかわからない**ことがわかるため、**置き場所の願望（不満）を表している**㋒が正解となります。

▶ 音のポイント
How aboutは**つながって**「ハゥワバゥ(ト)」のように聞こえます。また、eitherは🇺🇸では「イーザァ」、🇬🇧では「アィザ(ァ)」と発音されます。

② [正解] ㋑

[スクリプト] G: Did you take the bus to school today?

B: Yes, I did. I usually come by bike, though.

G: I think you did the right thing. It will rain in the afternoon.

B: Well, that's one of the reasons. But **I also got a flat tire on my way home yesterday.**

[訳] 女の子：今日学校にバスで来たの？

男の子：うん。いつもは自転車で来るけどね。

女：正しいことをしたと思うよ。今日の午後雨が降るし。

男：ああ、そのことも理由の1つなんだ。でも、昨日**家に帰る途中でタイヤもパンクしたんだ。**

問　女の子は次に何と言いそうか？

🈑と **大まかな内容**

㋐ 他の理由を知ってる？

→他の理由をたずねている

㋑ まあ、それは大変だったわね。

→同情している

㋒ だから、雨に降られちゃったんだね。

→相手の発言をまとめている

発言の最初に使われるSoは、相手の話の内容をまとめたり、確認したりするために用いられます。

㋓ それなら、今日はどうやって来たの？

→学校に来た方法をたずねている

テーマ

予想は難しいですが、㋑・㋒・㋓から **学校** の帰りに何か悪いことがあった可能性があります。

男の子の最後の発言I also got a flat tire on my way home yesterday（昨日家に帰る途中でタイヤもパンクしたんだ）に対して、**同情の気持ちを示している㋑が正解です。**女の子の2度目の発言内のrainのみを拾って音のひっかけ選択肢である㋒を選ばないようにしましょう。

Chapter 2　**12**講　演習の問題 → 本冊P.41

同意に関する問題 1

1 ㋒

2 ① ㋑　**聞き取りのポイント** 旅行先
　　② ㋓　**聞き取りのポイント** 昨日

1

正解 ㋒

スクリプト M: Have you handed in the assignment yet?

W: No, not yet. I have to ask the professor some questions, but he wasn't in his laboratory today. I will ask him by email instead.

M: **I need to contact him by email, too.** I want to tell him I'll be late for the next class.

🈑 男性：もう宿題提出した？

女性：いいえ、まだよ。教授にいくつか質問をしなきゃならないんだけど、今日は研究室にいらっしゃらなかったの。代わりに彼にメールで質問するわ。

男：僕も教授にメールで連絡する必要があるんだ。次の授業に遅れるって伝えたいんだよね。

問　2人の学生は何をするつもりなのか？

㋐ 次の授業に時間通りに行く

㋑ メールで課題を提出する

㋒ 教授にメールを送る

㋓ 教授の研究室を訪れる

同意を表す**too**を含む男性の2度目の発言**I need to contact him by email, too.**（僕も教授にメールで連絡する必要があるんだ）を**send an email**（メールを送る）と言い換えた㋒が正解です。

▶ 音のポイント

himは /h/ がはっきり聞こえず、「イム」のように聞こえます。また、ask him「アスキム」、contact him「コンタクティム」、tell him「テルイム」のように**前の子音とつながって聞こえます。**

2

① **正解** ㋑

スクリプト W: I'd like to visit Tuvalu someday.

M: Tuvalu? That's an island which may disappear under the sea, right? It's not a common travel destination.

W: Yeah. **When I travel, I want to do something unusual.**

M: **So do I.** But it's enough for me to visit popular countries and try local food.

🈑 女性：いつかツバルに行ってみたいな。

男性：ツバル？海に沈むかもしれない島だよね？そこは一般的な旅行先ではないね。

女：ええ。**旅行するときは、いつもと違うことをしたいの。**

男：僕もだよ。でも、僕にとっては人気のある国に行って、その土地の料理を食べられれば十分だよ。

問　旅行に関して、2人の友人は何をしたいのか？

㋐ 地元の食べ物を食べる

㋑ ユニークな経験をする

㋒ 美しい海を見る

㋓ 人気の場所に行く

聞き取りのポイント

問題文から**旅**に関する内容だとわかります。特に**2人が旅行先で何をするかが聞き取りのポイ**

ントのようです。

女性の2度目の発言**When I travel, I want to do something unusual.**(**旅行するときは、いつもと違うことをしたいの**)に**同意を表すSo do I.**が続いています。**want to do something unusual**を**Have unique experiences**(**ユニークな経験をする**)と**言い換えた**[イ]が正解です。問題文から聞き取りのポイントがはっきりわかり、選択肢に複数の動作・物・日時などが列挙されている場合は、選択肢の内容は全て会話文中に登場する可能性が非常に高いです。音のひっかけ選択肢にひっかからないように、内容を追うことを心がけましょう。

▶ 音のポイント
island /áilənd/は「アイラン(ド)」と発音される、**スペルから発音を連想しづらい単語**です。また、🇺🇸ではnot a commonの **/t/ は母音にはさまれているので「ら」に近い音になり**、さらに**後のaとつながる**ため、not aは「ノッラ」のように聞こえます。

② [正解][エ]
[スクリプト] M: **I saw Eryn at the shopping mall yesterday.**
W: Oh, **I saw her there as well.** She's changed her hairstyle. It has already been five years since she left the company.
M: Right. Her son has grown a lot.
W: Did you see him as well? When I talked to her, she was alone.
[訳] 男性:**昨日ショッピングモールでエリンを見かけたよ。**
女性:あら、**私もそこで彼女を見かけたよ。**髪型が変わっていたわ。彼女が退社してもう5年経つね。
男:そうだね。息子も大きくなっていたな。
女:彼にも会ったの？私が彼女に話しかけたときは1人だったわ。
問　2人は昨日何をしたのか？
[ア]髪型を変えた
[イ]早く会社を出た
[ウ]エリンの息子に話しかけた
[エ]ショッピングモールに行った

[聞き取りのポイント]
状況と問題文、選択肢から**昨日の出来事に関する内容**で、**2人が具体的に昨日何をしたのかが聞き取りのポイント**だとわかります。

冒頭の男性の発言**I saw Eryn at the shopping mall yesterday.**(**昨日ショッピングモールでエリンを見かけたよ**)に対して、女性が**同意を表す as well**を用いて **I saw her** [＝Eryn] **there** [＝at the shopping mall] **as well**(**私もそこで彼女を見かけたよ**)と答えています。**2人ともショッピングモールに行き、そこでエリンに会った**ことがわかるので、正解は[エ]です。

▶ 音のポイント
Didとyouは混ざって、「ディヂュ」のように聞こえます。

Chapter 2　**13**講　[演][習]の問題 ➡本冊P.43

同意に関する問題[2]

1 [ア]
2 ①[ア] [聞き取りのポイント] **ホテル**
②[ア] [聞き取りのポイント] **ネクタイ / 靴**

1 [正解][ア]
[スクリプト] W: Our drama festival is coming up next week.
M: Yeah, but **there's still a lot of room to improve our performance.**
W: **I'm with you,** but what more should we do?
M: We should practice not only after school, but also before our first class.
W: Umm... I think the quality of practice is more important.
[訳] 女性:私たちの演劇フェスティバルは来週に迫っているわ。
男性:うん、でも**僕たちの演技はまだたくさん改善の余地があるよ。**
女:**私もそう思う**けど、これ以上私たちは何をすべきかな？
男:放課後だけじゃなくて、1限目の前にも練習すべきだよ。
女:うーん…練習の質のほうが重要だと思うわ。
問　2人は何について同意しているのか？
[ア]彼らは演技を改善することができる。
[イ]彼らは1日に2回演劇を行うことができる。
[ウ]彼らは演劇フェスティバルのための部屋が必要だ。

㉑ 彼らは練習の時間を増やすべきだ。

男性の最初の発言 there's still a lot of room to improve our performance（僕たちの演技はまだたくさん改善の余地があるよ）に対して、女性が I'm with you と同意を表しています。room to improve our performance があるということを can improve their performance と言い換えた㋐が正解です。

- -

▶ **音のポイント**

a lot of は🇺🇸では母音にはさまれた /t/ が「ら」のように聞こえ、さらに後ろの of とつながり「アロロヴ」のように聞こえます。a lot of のような定型表現は早く読み上げられることが多いので、意味を覚えるときに音もしっかり覚えておきましょう。また、🇺🇸では important /impɔ́ːrt(ə)nt/ は /t/ の音が飲みこまれて「インポーン（ト）」のように聞こえます。

- -

2

① 　**正解** ㋐

スクリプト W: The restaurant at this hotel was amazing!

M: **I couldn't agree more.** And this room, too. I like the view from the window.

W: To tell the truth, I don't like heights very much. But the large bathroom is nice.

M: That doesn't matter to me because I usually just take a shower.

訳 女性：このホテルのレストランは素晴らしかったね！

男性：全く同感だね。それに、この部屋もだよ。窓からの眺めが好きだな。

女：実を言うと、私はあまり高い所が好きじゃないの。でも、大きなバスルームは素敵ね。

男：僕はたいていシャワーだけだから、どうでもいいかな。

問　2人は何について同意しているのか？

㋐ 彼らはホテルで食事を楽しんだ。

㋑ 彼らはより大きいバスルームを期待していた。

㋒ シャワーに問題がある。

㋓ 彼らは高い所からの眺めが好きだ。

聞き取りのポイント
ホテルに関する内容で、特に㋐・㋓からホテルの何が好きだったのか、または㋑・㋒から何が不満だったのかが**聞き取りのポイント**となりそうです。

- -

女性の最初の発言 The restaurant at this hotel was amazing!（このホテルのレストランは素晴らしかったね！）に対して、男性が I couldn't agree

more.（全く同感だね、大賛成だね）と同意を表しています。レストランが素晴らしかったことを enjoyed the meal（食事を楽しんだ）と言い換えた㋐が正解です。

- -

▶ **音のポイント**

hotel /houtél/ は「ホテル」ではなく「**ホゥテゥ [ル]**」のように聞こえるので、**発音とアクセントの位置に注意**して覚えておきましょう。また、heights /háits/（高い所）は「ヘイツ」ではなく、「**ハィツ**」と発音されます。

- -

② 　**正解** ㋐

スクリプト M: How do I look? This jacket is too casual for the party, isn't it?

W: Not really. However, **the combination of your tie and jacket isn't good**.

M: **That's what I was thinking**, but I only have this tie.

W: I also don't like the shoes with pointed toes.

M: Seriously? They're my favorite.

訳 男性：どう、似合う？このジャケットはパーティーにはカジュアルすぎるよね？

女性：そんなことないわ。でも、ネクタイとジャケットの組み合わせが良くないね。

男：僕もそう思ってたんだよ、でもこのネクタイしか持ってないんだ。

女：それにつま先がとがった靴は好きじゃないわ。

男：本当？これは僕のお気に入りなんだ。

問　2人は何について同意しているのか？

㋐ ジャケットがネクタイと合っていない。

㋑ ジャケットはパーティーにふさわしい。

㋒ 靴がカジュアルすぎる。

㋓ 靴が男性にぴったりだ。

聞き取りのポイント
ジャケット・靴に関する内容で、特にジャケットがネクタイや場に合うか、靴が男性や場に合うかなどが**聞き取りのポイント**となりそうです。

- -

女性の最初の発言 the combination of your tie and jacket isn't good（ネクタイとジャケットの組み合わせが良くないね）に対して、男性が That's what I was thinking（僕もそう思っていたんだ、それが僕が考えていたことだ）と同意を表しています。ネクタイとジャケットの組み合わせが悪いということを don't match O（O に合わない）を用いて表した㋐が正解です。

▶ 音のポイント

isn't it は、特に🇺🇸で /t/ が脱落し、「イズニッ(ト)」のように聞こえます。

Chapter 2 **14講** [演][習]の問題 ➡ 本冊P.45

場所・場面を把握する問題

[1] [ア]
[2] ①[ウ]
②[ウ]

[1] [正解][ア]

[スクリプト] M: Could I help you find something?

W: My friend from work is having a wedding, so **I need some suitable clothes**.

M: What color would be best?

W: Well, I like light blue or something like that.

M: Then **how about this dress**?

W: That looks good! It will go with the shoes I have.

[訳] 男性：何かお探しですか？

女性：職場の友人が結婚式をするので、**ふさわしい服が必要なんです。**

男：何色がよろしいですか？

女：えっと、ライトブルーなんかが好きです。

男：それでしたら、**こちらのドレスはどうですか**？

女：素敵ですね！私が持っている靴とも合うわ。

問　この会話はどこで行われているのか？

[ア] 服屋で　[イ] 会社で

[ウ] 靴屋で　[エ] 結婚式場で

work、wedding、shoesが聞こえてきますが、**聞き取れた音だけで選択肢を選ばない**ようにしましょう。場所を特定する問題では、ほとんど全ての選択肢に含まれる（選択肢から連想される）語が会話文の中に登場します。基本的に、正解になる場所に関するヒントは複数回出されることが多いので、注意して聞きましょう。女性の最初の発言内の**I need some suitable clothes（ふさわしい服が必要なんです）**や男性の最後の発言**how about this dress（こちらのドレスはどうですか）**などから、[ア]の服屋での会話だとわかります。

▶ 音のポイント

clothes /klóu(ð)z/ は「クローズィーズ」ではなく「**クロゥズ**」と発音されます。

[2]

① [正解][ウ]

[スクリプト] M: Good evening. Do you have **a reservation**?

W: Yes. It's Miranda Young. Here's the email I received when I made **a reservation**.

M: Let me confirm .... Yes, Ms. Young. You are **staying for three nights**. Is that right?

W: Yes.

M: Here's **the key**. **Your room is on the fifth floor. Enjoy your stay.**

W: Thank you.

[訳] 男性：こんばんは。**ご予約**はありますか？

女性：はい。ミランダ・ヤングです。これが**予約**したときに受け取ったメールです。

男：確認させてください…。はい、ヤングさんですね。**3泊お泊り**でよろしいでしょうか？

女：はい。

男：こちらが**鍵**です。**あなたの部屋は5階です。ごゆっくりお過ごしください。**

女：ありがとう。

問　この会話はどこで行われているのか？

[ア] デパートで　[イ] 病院で

[ウ] ホテルで　[エ] レストランで

[MEMO] 関係する単語やフレーズの例

[ア] **shops**、**buy**、**floor**（階）、**clothes** など、[イ] **doctor**、**patient**（患者）、**disease**、**medicine** など、[ウ] **reservation**、**stay**、**nights**（泊）、**room**、**key** など、[エ] **eat**、**meal**、**dinner**、**lunch**、**table**、**seats** など

reservation（予約）、**staying for three nights（3泊滞在）**、**the key など**から連想し、[ウ]のホテルを選びましょう。

② [正解][ウ]

[スクリプト] M: Can I try **sitting on it**?

W: Yes, of course, sir.

M: It's **comfortable**. I think **it will suit the living room at my house**. Do you offer **delivery service**?

W: Certainly. We can deliver it tomorrow afternoon at the earliest. And how about **that table**? **It was made by the same designer**.

M: No, thank you.

訳 男性:それに座ってみてもいいですか？

女性:はい、もちろんです。

男:座り心地がいいですね。**僕の家のリビングに合いそうだな。配送サービスはありますか？**

女:もちろん。一番早くて明日の午後には配送できます。それと、**あちらのテーブルはいかがですか？同じデザイナーによって作られてますよ。**

男:いいえ、結構です。

問　この会話はどこで行われているのか？

㋐ カフェで　　㋑ 運送会社で

㋒ 家具屋で　　㋓ 不動産会社で

MEMO　関係する単語やフレーズの例

㋐ coffee、tea、drink など、㋑ deliver、cost、send、package など、㋒ table、chair、bed、delivery service など、㋓ house、rent（家賃）、room、apartment など

---

sitting on it（それに座って）、comfortable（快適な）、it will suit the living room at my house（僕の家のリビングに合いそう）、that table などから連想し、㋒の家具屋を選びましょう。

Chapter 2　**15**講　**演習**の問題 → 本冊 P.47

問題点を把握する問題

---

❶ ㋒

❷ ① ㋒ 聞き取りのポイント 眼鏡

　② ㋒ 聞き取りのポイント セーター

---

❶ 正解 ㋒

スクリプト G: Hey, look outside. It's raining heavily.

B: The weather report was wrong! It said today would be cloudy all day. **Can I share your umbrella?**

G: I'd like to, but I have a piano lesson today. It's in the opposite direction to your house.

B: **Then I have no choice but to get wet when I go home.**

訳 女の子:ねえ、外を見て。大雨よ。

男の子:天気予報は間違ってたね！今日1日中曇りだって言ってたのに。きみの傘を一緒に使ってもいい？

女:そうしたいんだけど、今日ピアノのレッスンがあるの。あなたの家と逆方向なのよね。

男:それなら濡れながら帰るしかなさそうだ。

問　男の子の問題は何か？

㋐ 彼は天気予報を確認しなかった。

㋑ 彼はどっちに行くべきかわからない。

㋒ 彼は傘なしで家に帰らなければならない。

㋓ 彼は女の子と傘を一緒に使わなければならない。

男の子の最初の発言内の **Can I share your umbrella?**（きみの傘を一緒に使ってもいい？）から、男の子は傘を忘れたことがわかります。また、男の子の最後の発言で **I have no choice but to do ...**（…するしかない）を用いて、**I have no choice but to get wet when I go home**（濡れながら帰るしかなさそうだ）と困っていることを述べています。これを go home without an umbrella（傘なしで家に帰る）とまとめた㋒が正解です。

---

❷

① 正解 ㋒

スクリプト M: Oh, you bought new glasses?

W: No, they are some old ones. I stepped on the glasses I usually wear. I ordered new glasses and I'm waiting for them to be made.

M: I see. But you do look nice in those glasses.

W: Thank you, but **I can't see well. I need stronger ones.**

訳 男性:おっ、新しい眼鏡買ったの？

女性:いいえ、これは古いのよ。いつも使っている眼鏡を踏んでしまって。新しい眼鏡を注文して、それができるのを待っているの。

男:そうなんだ。でもその眼鏡、本当に似合ってるよ。

女:ありがとう、でもよく見えないのよ。もっと強いのが必要だわ。

問　女性の問題は何か？

㋐ 彼女は持っている眼鏡を全て壊してしまった。

㋑ 彼女はまだ新しい眼鏡を注文していない。

㋒ その眼鏡は彼女の目には弱すぎる。

㋓ その眼鏡は彼女にはあまり似合わない。

聞き取りのポイント

テーマは女性の問題・眼鏡に関する内容で、特に女性は眼鏡の何に困っているのか（注文していない・弱すぎる・似合わない）などが**聞き取りのポイント**となります。

女性の最後の発言内の **I can't see well. I need stronger ones**[＝glasses].（よく見えないのよ。もっと強いのが必要だわ）を The glasses are too weak for her eyes.（その眼鏡は彼女の目には弱す

ぎる)と言い換えた[ウ]が正解です。なお、[ア]のように選択肢に all / no / never / only ... などが含まれる場合は「言いすぎている」ひっかけ選択肢の可能性が高いです。読み上げられた英語内で類似した語が用いられていない限り、選ばないように注意しましょう。

▶ 音のポイント

do[does / did] + 動詞の原形は(本当に…)と、動詞を強調するカタチで、do[does / did]の部分が強く読まれます。

② [正解] [ウ]

[スクリプト] W: Take a look at this. This sweater has a hole! **I can't wear it anymore.**

M: That's too bad. Why not fix it?

W: This hole is so big that **it won't look the same if I fix it**. It was my absolute favorite for years.

M: Well, it's time you let old things go.

[訳] 女性:ちょっとこれ見てよ。このセーター穴があいてる!**これはもう着れないわ。**

男性:それは残念だね。修繕したらどう?

女:この穴はとても大きいから、**もし修繕しても同じに見えないわ。**何年も一番のお気に入りだったのに。

男:うーん、古い物を手放すときなんだよ。

問 女性の問題は何か?

[ア] 彼女は穴のあいたセーターを買った。

[イ] 彼女は好きなセーターを見つけられない。

[ウ] 彼女はセーターを適切に修繕できない。

[エ] 彼女は古い服をあまりにもたくさん持っている。

[聞き取りのポイント]

女性の問題・セーターに関する内容で、女性はセーターの何に困っているのか(穴があいたものを買ったのか・見つけられないのか・修繕できないのか)が聞き取りのポイントになるようです。

女性の2度目の発言 **it**[=this sweater] **won't look the same if I fix it(もしそれを修繕しても同じに見えないわ)**を **She can't fix the sweater properly.(彼女はセーターを適切に修繕できない)と言い換えた**[ウ]が正解です。

▶ 音のポイント

sweaterはセーターではなく、特に🇺🇸で「スゥエラ」のように聞こえます。また、**won'tとwantの区別も重要**です。**won't**は「ゥ**オ**ゥン(ト)」と発音されますが、**want**は🇺🇸で「ゥ**ア**ン(ト)」、🇬🇧では「ゥ**オ**ン(ト)」と発音されます。母音の違いがポイントです。

Chapter 2 **16講** [演][習]の問題 ➡ 本冊P.49

心配事や不安を把握する問題

1 [ア]

2 ①[ア] [聞き取りのポイント] **仕事**

②[ウ] [聞き取りのポイント] **パーティー**

1 [正解] [ア]

[スクリプト] W: You have a job interview tomorrow.

M: Yeah. I did practice interviews over and over with my friends' help.

W: That's good. Now you're sure you can make a good impression on an interviewer, right?

M: Of course! But **I'm anxious about the weather.** It'll be snowy tomorrow, so **the train may not be on time.**

W: Well, you'll just have to leave home early.

[訳] 女性:明日、就職面接があるのね。

男性:うん。友達に手伝ってもらって、何度も何度も面接練習をしたんだ。

女:それはいいわね。じゃあ、面接官に良い印象を与える自信があるでしょう?

男:もちろん!でも、**天気が心配なんだ。**明日雪だから、**電車が時間通りじゃないかもしれない。**

女:それなら、早く家を出ればいいだけよ。

問 男性は何について心配しているのか?

[ア] 就職面接に遅れること

[イ] 良い印象を与えられないこと

[ウ] 明日家を出るのが遅すぎること

[エ] 面接の準備ができていないこと

心配を表すフレーズI'm anxious about ... を用いた **I'm anxious about the weather.** It'll be snowy tomorrow, so **the train may not be on time.(天気が心配なんだ。**明日雪だから、**電車が時間通りじゃないかもしれない)をまとめた**[ア]が正解です。

2

① [正解] [ア]

[スクリプト] W: You're going camping with me tomorrow, right?

M: Actually, I'd rather not.

W: Why not? It'll be a nice day. Sofia and Leo are coming, too. You like them, don't you?

M: I'm not worried about who will come. **I have a big meeting to introduce our products to my customers next Monday. I can't help thinking about that**, so I might not enjoy camping.

㊂ 女性：明日私と一緒にキャンプ行くのよね？

男性：実は、行きたくないんだ。

女：なんで？すてきな日になるわよ。ソフィアとレオも来るの。彼らのこと好きでしょ？

男：誰が来るかは心配していないよ。次の月曜日にうちの製品を顧客に紹介する大きな会議があるんだ。そのことを考えずにはいられないから、キャンプを楽しめないかもしれないんだよ。

問　男性は何について心配しているのか？

㋐ 仕事でのプレゼン　　　㋑ 仕事での自己紹介

㋒ キャンプ旅行の参加者 ㋓ 明日の天気

㊟聞き取りのポイント

テーマは男性が心配していることに関する内容で、特に**男性の仕事（プレゼン・自己紹介）**やキャンプ（参加者・明日の天気）についての心配事が聞き取りのポイントとなりそうです。

心配を表すフレーズI can't help thinking about ...（…について考えずにはいられない）に続くthatの内容がポイントです。リスニングではスクリプトを読めないので、代名詞の内容を理解するには前の文の内容を覚えておかなければなりません。この会話では、thatは直前の**a big meeting to introduce our products to my customers**（うちの製品を顧客に紹介する大きな会議）を意味するので、㋐が正解です。

▶ 音のポイント

特に会話文中では、**them /ðém/ は最初の /ð/ が取れて「エム」のように聞こえることがあります。**

② ［正解］㋒

［スクリプト］W: I was invited to Nora's birthday party. What can I bring?

M: How about making some food? She liked your cooking when she had it before.

W: I'll do that. And ... **a present**. She has good taste in everything. **I'm not sure I can select something she'll like.**

M: I'm sure she'll be happy with whatever you choose.

㊂ 女性：ノラの誕生日パーティーに招待されたの。何を持っていこうかな？

男性：何か食べ物を作るのはどう？以前食べたとき、彼女は君の料理を気に入っていたよ。

女：そうするわ。それに…プレゼントよ。彼女は何においてもセンスがいいの。彼女が気に入りそうなものを選ぶ自信がないわ。

男：君が選んだものなら何でも彼女はきっと喜ぶよ。

問　女性は何について心配しているのか？

㋐ ノラのパーティーに招待されたこと

㋑ ノラをパーティーに連れていくこと

㋒ ノラへのプレゼントを選ぶこと

㋓ パーティーのために何かを料理すること

㊟聞き取りのポイント

女性の心配していること・ノラ・パーティーに関する内容で、女性がパーティーに何を持っていくか（プレゼント・料理）についての心配事が聞き取りのポイントとなりそうです。

心配を表すフレーズI'm not sure ... を用いたI'm not sure I can select something she'll like.（彼女が気に入りそうなものを選ぶ自信がないわ）をChoosing a present for Nora（ノラへのプレゼントを選ぶこと）と言い換えた㋒が正解です。

▶ 音のポイント

whateverの /t/ は母音にはさまれているため、🇺🇸では「ら」のように聞こえます。そのため、「ワットエバー」ではなく「(ホ)ワッレヴァ」のように聞こえます。

Chapter 2 **17** 講 ㊣㊚の問題 → 本冊 P.51

理由・目的を把握する問題

1 ㋐

2 ①㋑ ［聞き取りのポイント］ スケジュール / 女性

②㋓ ［聞き取りのポイント］ 早く

1 ［正解］㋐

［スクリプト］G: Dad, there was a phone call for you

at about five.

M: Oh, from whom?

G: He said his last name was Taylor. He wants you to call him back.

M: Oh, that's my friend from college. Did he leave his phone number?

G: Well, no. **I couldn't ask because he hung up immediately.**

🔊訳 女の子：お父さん、5時ごろに電話があったよ。

男性：ああ、誰から？

女：テイラーと名乗っていたわ。お父さんに折り返してもらいたいって。

男：ああ、大学の友人だ。電話番号を残してくれた？

女：いいえ。**彼がすぐに切っちゃったから聞けなかったの。**

問　女の子はなぜテイラーさんの電話番号を聞けなかったのか？

㋐ テイラーさんが電話をすぐに切ったから。

㋑ テイラーさんはまた電話すると言ったから。

㋒ 彼女の電波が悪かったから。

㋓ 彼女はお父さんが電話番号を知っていると思ったから。

because に続く **he hung up immediately**（彼がすぐに切っちゃった）を聞き取り、理由として理解しましょう。㋐では、**hung up** が **ended the call**、**immediately** が **right away** と言い換えられています。

2

① 正解 ㋑

スクリプト M: We were planning to meet this Saturday, but now I can't make it.

W: Oh, really? What happened?

M: **My sister** suddenly decided to visit me on Saturday. **My parents told me to take her around, so can we change our plan?**

W: O**f** course. Then I'll relax at home on that day.

🔊訳 男性：今週の土曜日に僕たちは会う予定だったけど、今は都合が悪くなってしまったんだ。

女性：え、本当？何があったの？

男：**妹が急に土曜日に僕の所に遊びに来ることを決めたんだよ。両親から彼女を案内するように言われたから、予定を変えられるかな？**

女：もちろん。それなら、その日は家でゆっくりするわ。

問　なぜ男性はスケジュールを変えるべきなのか？

㋐ 彼は両親に会わなければならないから。

㋑ 彼は妹と一緒に過ごさなければならないから。

㋒ 女性は会議があるから。

㋓ 女性は家でゆっくりしたいから。

聞き取りのポイント

テーマは問題文から**男性がスケジュールを変更する**ことに関する内容とわかります。男性がスケジュールを変更するのは、男性（の親・妹）が原因か、女性が原因かが聞き取りのポイントのようです。

男性の2度目の発言に含まれるsoがポイントです。soは前が原因・理由、後ろが結果となります。soが聞こえたときには、「今までのフレーズが理由だったんだ！」と即座に判断しましょう。今回は **My parents told me to take her**[＝my sister]**around**（両親から彼女を案内するように言われた）の take O around（Oを案内する）を **spend time with ...** と言い換えた㋑が正解です。

▶ 音のポイント

of は通常「オヴ、アブ」と発音されますが、of course では無声音 /k/ で始まる course の影響を受けて「オフ」と発音されます。

---

② 正解 ㋓

スクリプト G: Can you stay after school? I want to talk about **the theme for our presentation for English class.**

B: Well, I have to help my mother, so I need to go home quickly.

G: I see. Then, **come to school early tomorrow morning to discuss it.**

B: All right. I'll make a list of some ideas tonight.

🔊訳 女の子：放課後残れる？**英語の授業のプレゼンのテーマについて話し合いたいんだけど。**

男の子：うーん、お母さんの手伝いをしなきゃいけないから、家にすぐ帰らないといけないんだ。

女：なるほど。それなら、**それについて話し合うために明日の朝早く学校に来て。**

男：わかった。今晩アイディアのリストを作るね。

問　なぜ男の子は明日の朝早く学校に来るのか？

㋐ プレゼンテーションをするため。

㋑ 先生の手伝いをするため。

㋒ リストを作るため。

㋓ 授業の準備をするため。

聞き取りのポイント

問題文から**明日の朝、男の子が学校に早く来る**ことに関する内容だとわかります。また問題文

がWhyで始まり、選択肢が全てTo〜で始まっていることから、**男の子が学校に早く来る目的（理由）は何かが聞き取りのポイント**のようです。

目的を表すto doを用いたフレーズを聞き取りましょう。女の子の2度目の発言 Then, **come to school early tomorrow morning to discuss it**[= the theme for our presentation for English class]. （それなら、**それについて話し合うために明日の朝早く学校に来て**）に対し男の子が**All right.**（わかった）と答えています。これを**To prepare for class.**（授業の準備をするため）と言い換えた㊤が正解です。このように、**相手の発言に対する同意が正解を導くヒントになる問題はよく出題されますので、12講・13講の同意表現を覚えておきましょう。**

Chapter 2 **18講** 演習の問題 → 本冊P.53

手段・方法を把握する問題

1 ㊤
2 ㊤ 言い換え ㋐㋑㋒ take ㊤ walk
3 ㋒ 聞き取りのポイント 借りる

---

1 正解 ㊤

スクリプト W: So how will we get to New York?

M: I'd like to take **a high-speed train**.

W: But travel by plane is cheaper than by rail.

M: Actually, I'm scared of flying. **I don't want to travel by air.**

W: **OK.** When we arrive in New York, let's rent a car there. It'll be more convenient than taking buses.

訳 女性：それで、私たちはどうやってニューヨークに行く？

男性：高速列車で行きたいな。

女：でも飛行機で行くほうが電車より安いよ。

男：実は、僕は飛行機に乗るのが怖いんだ。**飛行機で行きたくないな。**

女：わかったわ。ニューヨークに着いたら、そこで車を借りよう。バスに乗るより便利だよ。

問　彼らはどうやってニューヨークに行くのか？

㋐ バスで　　　　㋑ 車で
㋒ 飛行機で　　　㊤ 電車で

このタイプの問題でも、**選択肢の全ての乗り物が**

読み上げられる英語内に登場するので、**聞こえてきた音だけで選ばないようにしましょう。**男性の最初の発言 I'd like to take **a high-speed train.**（高速列車で行きたいな）と、2度目の発言内の **I don't want to travel by air.**（飛行機で行きたくないな）に対して女性が**OK.**と了承していることから、㊤が正解です。

▶ 音のポイント

actually /ǽktʃuəli/「ェアクチュアリ」は（実は…、本当は…）と、会話では強調したいことの前置きとして使われることも多いので音と意味を覚え、聞こえてきたら続くフレーズに注意しましょう。

---

2 正解 ㊤

スクリプト W: Do you know when **the next bus to City Hospital** will come?

M: In about thirty minutes.

W: Oh, do I have to wait that long?

M: I'm afraid so. If you're in a hurry, you can take **a train**. Or, **you can even walk there**. It's not that far from here.

W: Hmm, it's sunny and I should get some exercise. OK, **I'll do so**, thanks!

訳 女性：次の市立病院行きのバスはいつ来るかご存じですか？

男性：30分後くらいですね。

女：まあ、そんなに長く待たないといけないんですか？

男：残念ながらそうですね。急いでいるなら、**電車で行けますよ。**もしくは、**歩いても行けますよ。**ここからそんなに遠くないですから。

女：うーん、天気も良いし、運動もすべきだわ。わかりました、**そうします**、ありがとう！

問　女性はどのように病院に行くのか？

㋐ バスで　　　　㋑ タクシーで
㋒ 電車で　　　　㊤ 徒歩で

選択肢の言い換え
㋐ **take a bus**、㋑ **take a taxi**、㋒ **take a train** /他にも **by rail** など、㊤ **walk** /他にも **take a walk** など

ほとんど全ての選択肢が会話文の中にも登場しています。このように手段・方法についての問題では、「Aは？」→「Aは×。Bは？」→「Bも×。Cにしよう」のように、提案（提示）と否定を繰り返して最後に出てきたものが正解になるパターンがとても多いです。今回も、バス→電車→徒歩と変わっていき、最終的に女性の最後の発言 It's sunny and I

should get some exercise. OK, **I'll do so**[＝walk]
（天気も良いし、運動もすべきだわ。わかりました、**そうします**）と(エ)の徒歩に決まっています。

3 (正解)(ウ)

(スクリプト) B: I have to write a report. Can I borrow
　　　　your book about Japanese history?

G: Kenny asked me the same thing. I've
　　promised to lend it to him.

B: Really? Then how can I write my report?

G: The same book is **in the city library**, too.

B: **Great! I'll go there.**

(訳) 男の子：レポートを書かないといけないんだ。日
　　　　　本の歴史についての君の本を借りても
　　　　　いい？

女の子：ケニーが私に同じことを聞いてきたんだ。
　　　　それを彼に貸す約束をしてしまったの。

男：そうなの？それなら、どうやって僕はレポート
　　を書けばいいんだ？

女：同じ本が**市立図書館**にもあるよ。

男：**良かった！そこへ行くよ。**

問　男の子はどうやってその本を手に入れるの
　　か？

(ア) 彼はケニーにそれを自分に貸してくれるように
　　頼む。

(イ) 彼はそれを女の子から借りる。

(ウ) 彼はそれを図書館から借りる。

(エ) 彼はそれを本屋で買う。

（聞き取りのポイント）
問題文から**どのように本を入手するか**に関する
内容だとわかります。特に**男の子が誰・どこから
本を借りるか、または本を買うか**が聞き取りの
ポイントのようです。

今回も**最後のやりとり**が重要です。女の子の最後
の発言 The same book is **in the city library**, too.
（同じ本が**市立図書館**にもあるよ）に対し、男の子
が **Great! I'll go there.**（良かった！そこへ行くよ）
と答えていることから、(ウ)が正解です。

19講　(演習)の問題 → 本冊 P.55

日時を聞き取る問題

1 (エ)
2 ① (ウ)　(読みかた)(ア)(イ)(エ) past
　　　　(テーマ) バス
　　② (ア)　(読みかた)(ア) to (イ) past (エ) noon
　　　　(テーマ) 電車

1 (正解)(エ)

(スクリプト) M: Hello, I'd like to make an appointment.
　　　　I have a toothache.

W: Let me see … 11:00 a.m. tomorrow is the
　　earliest available time slot.

M: Well, that's a little too early. How about in the
　　afternoon?

W: You can come at **3:00 p.m. or one hour after
　　that**.

M: OK, **the later time is fine** for me.

(訳) 男性：こんにちは、予約を取りたいです。歯が痛
　　　　くて。

女性：えっと…明日の午前11時が一番早い可能な
　　　　時間帯です。

男：うーん、それはちょっと早すぎますね。午後は
　　どうですか？

女：**午後3時か、その1時間後**もお越しいただけます
　　よ。

男：わかりました、**遅い時間のほうがいいです**。

問　男性は何時に歯医者に行くのか？

(ア) 午前11時　　(イ) 午後1時

(ウ) 午後3時　　(エ) 午後4時

女性の2度目の発言の You can come at **3:00 p.m.
or one hour after that**.（**午後3時か、その1時間後
も**お越しいただけますよ）から、**3時か4時**だとわか
り、最後の男性の発言 OK, **the later time is fine** for
me.（わかりました、**遅い時間のほうがいいです**）か
ら(エ)の4時が正解だとわかります。

▶ 音のポイント
hour /áuər/ は「アゥァ」のように母音で始まるた
め、前の one とつながり「ワンナゥァ」のように
聞こえます。

2

① [正解][ウ]

[スクリプト] M: What time is it now?

W: Let me see... **It's quarter past three.**

M: **We still have ten minutes before the bus leaves.**

W: It will take about thirty minutes by bus to downtown. We should get something to drink on the bus.

M: OK, I'll go and buy something. I'll be back in five minutes.

[訳] 男性：今何時？

女性：えっと…**3時15分だよ。**

男：**バスが出るまでまだ10分あるね。**

女：中心街までバスで約30分かかるわ。バスの中で飲むものを買っておくべきね。

男：そうだね、何か買いに行ってくるよ。5分で戻るね。

問　彼らのバスはいつ出発するのか？

[ア] 3時10分　[イ] 3時15分

[ウ] 3時25分　[エ] 4時5分

[読みかた]

[ア] **three ten、ten past three**、[イ] **three fifteen、(a) quarter past three**、[ウ] **three twenty-five**、[エ] **four five、five past four**

[テーマ]

バスの出発時刻について

女性の最初の発言It's **quarter past three**.から現在は**3時を15分過ぎた時間**（**3時15分**）だとわかります。その次の男性の発言We still have **ten minutes before the bus leaves.**（**バスが出るまでまだ10分**あるね）から、**バスは3時15分に10分足した[ウ]3時25分に出発する**ことがわかります。

② [正解][ア]

[スクリプト] W: What time will we arrive?

M: **It's quarter to ten now.** If we take a local train, it'll take about four and a half hours. But if we take a bullet train, we can arrive at 12:00.

W: The faster, the better.

M: OK. Oh, the next bullet train is leaving **in five minutes**. Let's run!

[訳] 女性：私たち何時に着くの？

男性：**今9時45分だね。**もし普通列車に乗ったら、4時間半くらいかかる。でも、新幹線に乗ったら、12時には着けるよ。

女：早ければ早いほどいいわ。

男：わかった。あ、次の新幹線は**5分後に**出るよ。走ろう！

問　彼らの電車はいつ出発するのか？

[ア] 9時50分　[イ] 10時5分

[ウ] 10時20分　[エ] 12時

[読みかた]

[ア] **nine fifty、ten to ten**（10時まで10分）、[イ] **ten five、five past ten**、[ウ] **ten twenty**、[エ] **noon、midday** /míddèi/「ミッディ」、**twelve p.m.**

[テーマ]

電車の出発時刻について

男性の最初の発言**It's quarter to ten now.**を正しく聞き取り理解することがポイントです。現在は**10時まで15分、つまり9時45分**です。最後の男性の発言 the next bullet train is leaving **in five minutes**（次の新幹線は**5分後**に出るよ）から、**新幹線は5分後の[ア]9時50分に出発する**ことがわかります。

Chapter 2 **20講** [演][習]の問題 ➡ 本冊P.57

感想を聞き取る問題

1 [ウ]

2 ①[ウ] [肯定・否定][ア] ＋ [イ] − [ウ] − [エ] −
[聞き取りのポイント]**大きさ**

②[ウ] [肯定・否定][ア] − [イ] ＋ [ウ] − [エ] −
[聞き取りのポイント]**練習〔準備〕**

1 [正解][ウ]

[スクリプト] W: Hey, thanks for coming camping with us. Honestly, I didn't expect you would come.

M: Oh, why?

W: You were always saying you don't like **camping**.

M: I know. **But now I'm enjoying it. I hadn't thought I would like it until I started, though.**

W: I'm happy to hear that.

[訳] 女性：ねえ、私たちとキャンプに来てくれてありがとう。正直に言うと、あなたが来てくれると思ってなかったわ。

男性：え、なんで？

女：いつも**キャンプ**が好きじゃないって言ってたじゃない。

男：そうだね。でも、今はそれを楽しんでいるよ。始めてみるまで好きになるとは思いもしなかったんだけどね。

女：それを聞いて嬉しいわ。

問　男性はキャンプについてどう思っているのか？

㋐ 彼はそれを楽しいと思わない。

㋑ 彼はすぐにハイキングを始めたい。

㋒ それは彼が思っていたよりも楽しい。

㋓ それは彼の好きなアウトドア活動ではない。

男性の2回目の発言 But now I'm enjoying it〔= camping〕. I hadn't thought I would like it until I started, though.（**でも、今はそれを楽しんでいるよ。始めてみるまで好きになるとは思いもしなかったんだけどね**）から、今は**以前と違ってキャンプに対して肯定的な感想を持っている**ことがわかります。よって㋒が正解です。現在形で言われている感想やnowを含む感想を注意深く聞き取りましょう。

2

① [正解] ㋒

スクリプト W: My pasta tastes good! How about your steak?

M: Yeah, **it's nice and tender! But ...**

W: But what?

M: **Well, it looked bigger on the menu, didn't it? It's not big enough for me.**

W: It's true that it looks different from its picture, but I think the size is reasonable.

訳 女性：私のパスタ、おいしいわ！あなたのステーキは？

男性：ああ、**おいしいし、柔らかいよ！でも…**

女：でも、何？

男：うーん、メニューのほうが大きく見えたよね？僕にとって十分な大きさじゃないよ。

女：確かに写真と違って見えるけど、サイズは妥当だと思うわ。

問　男性はステーキについてどう思っているのか？

㋐ 十分大きい。➡＋　㋑ おいしくない。➡−

㋒ 小さい。➡−　㋓ 柔らかすぎる。➡−

［聞き取りのポイント］
レストランで出されるステーキの感想に関する内容で、特に㋐と㋒で**ステーキの大きさが対の関係**になっていることを見抜き、**ステーキの大きさがどうなのか（十分大きいか・小さいか）が聞き取りのポイント**だと予想しましょう。

男性は最初の発言でステーキに対して **nice and**

---

tender（おいしいし、柔らかい）と肯定的な感想を言っていますが、**But が続いているので、感想が大きく変わることが予想できます**。次の発言内の **It's not big enough for me.**（**僕にとって十分な大きさじゃないよ**）の **not big enough** を **small** と言い換えた㋒が正解です。

② [正解] ㋒

スクリプト B: Hey, I didn't know you're performing on the stage at the school festival.

G: I wasn't supposed to at first but the guitarist got sick.

B: Poor him! Are you nervous?

G: No, **but I wish I had more time. I wanted to practice more.** Oh, it's time to go.

B: I'll come to see your concert. Good luck!

訳 男の子：やあ、君が学園祭のステージで演奏するなんて知らなかったよ。

女の子：最初はその予定じゃなかったんだけど、ギタリストが病気になっちゃったの。

男：彼、かわいそうに！君は緊張してる？

女：いいえ、**でももっと時間があればなあ。もっと練習がしたかったわ**。あ、もう行く時間だわ。

男：君のコンサート見に行くよ。頑張って！

問　女の子はコンサートについてどう思っているのか？

㋐ 彼女はギターを演奏したくない。➡−

㋑ 彼女はコンサートに向けて十分練習した。➡＋

㋒ 彼女は準備する時間がもっと欲しい。➡−

㋓ 彼女はステージで緊張するだろう。➡−

［聞き取りのポイント］
テーマは女の子がコンサートについてどう思っているかに関する内容で、特に㋑と㋒が**練習時間について対の関係**になっていることから、**練習〔準備〕する時間が十分にあったかどうかが聞き取りのポイント**だと予想しましょう。

女の子の最後の発言内の **but I wish I had more time. I wanted to practice more.**（**でももっと時間があればなあ。もっと練習がしたかったわ**）をまとめた㋒が正解です。

提案を聞き取る問題

1 (工)
2 ① (ア)　[聞き取りのポイント] 騒音
　　② (イ)　[聞き取りのポイント] 小包

---

1 [正解] (工)

[スクリプト] M: What channel is the soccer game on? I thought it would start at seven.

W: The newspaper says it started at four. You must have read it wrong.

M: Oh, no! I missed it! I was looking forward to it.

W: I think **Kent probably recorded the game. Why not ask him to show it to you?**

(訳) 男性:サッカーの試合はどのチャンネルでやってるの？7時に始まると思ったんだけど。

女性:新聞には4時からと書いてあるよ。読み違えたに違いないわ。

男:しまった！見逃しちゃった！試合を楽しみにしていたのに。

女:きっとケントがその試合を録画していると思うよ。彼に見せてくれるように頼んでみたら？

問　女性は男性に何をするよう提案しているのか？

(ア) 新聞を注意深く見る

(イ) 次はサッカーの試合を録画する

(ウ) 新聞を彼女に見せる

(工) 彼の友人が録画したサッカーの試合を見る

提案を表すWhy not ...?を含むWhy not ask him to show it to you?(彼に見せてくれるように頼んでみたら？)を聞き取りましょう。文脈を踏まえて、itは前文のケントが録画しているサッカーの試合だと理解できれば、the soccer game his friend recordedを含む(工)が正解となります。

2

① [正解] (ア)

[スクリプト] G: The construction work in front of our house is really noisy. I can't study.

B: That doesn't bother me because I listen to music with earphones when I study.

G: I can't concentrate if I hear too much noise.

B: Hey, **what about this?　Look at this online shop's page.　It says these earplugs can shut out any noises.**

G: That sounds great. I'll try them.

(訳) 女の子:家の前の工事が本当にうるさいわ。勉強できないよ。

男の子:僕は気にならないな、だって勉強するときはイヤホンして音楽聞いてるから。

女:音が大きすぎると集中できないのよ。

男:ねえ、これはどう？このオンラインショップのページ見てよ。この耳栓はどんな音も遮断するって書いてあるよ。

女:良さそうね。試してみるわ。

問　男の子は女の子に何をするよう提案しているのか？

(ア) インターネットで耳栓を買う

(イ) 勉強している間に音楽を聞く

(ウ) 騒音のことを気にしない

(工) 窓をしっかり閉める

[聞き取りのポイント]

女の子がすべきことに関する内容で、(ア)の耳栓、(イ)の音楽を聞く、(ウ)の騒音、(工)の窓をしっかり閉めるから、騒音にどう対策するかが聞き取りのポイントだと予想できます。

提案を表すWhat about this?がポイントです。ここでのthisはすでに述べられたことではなく、後ろの内容のことを表しているので注意しましょう。Look at this online shop's page.　It says these earplugs can shut out any noises.(このオンラインショップのページ見てよ。この耳栓はどんな音も遮断するって書いてあるよ)をまとめてBuy earplugs on the Internetとした(ア)が正解です。

▶ 音のポイント

What aboutやshut outは /t/ が母音にはさまれているため▤では「ら」のように聞こえ、「ワラバゥ(ト)」、「シャッラゥ(ト)」のように聞こえます。

---

② [正解] (イ)

[スクリプト] M: Excuse me.　I'd like to send this package.

W: Let me check the weight and address ...　The delivery fee is $26.

M: Will it arrive tomorrow morning?

W: It'll arrive sometime tomorrow, but I'm not sure whether it'll arrive in the morning.　**You should send it express.　It costs more than the usual fee, though.**

M: That's fine.

🈟 男性：すみません。この小包を送りたいんですが。

女性：重さと住所を確認させてください…送料は26ドルですね。

男：明日の朝には着きますか？

女：明日中には着きますが、朝に着くかどうかはわかりません。**速達で送るほうがいいですよ。通常料金よりも費用がかかりますが。**

男：それで構いませんよ。

問　女性は男性に何をするよう提案しているのか？

㋐ 小包の重さを確認する　㋑ 追加料金を払う
㋒ 明日小包を送る　㋓ 他の運送会社を使う

［聞き取りのポイント］

テーマは男性がすべきこと・小包・郵送に関する内容で、特に**小包をどうするか（重さを量る・追加料金を払う・明日送る・別の運送会社で送る）**が聞き取りのポイントだと予想できます。

提案を表す You should ... を聞き取りましょう。**You should send it express. It costs more than the usual fee,** though.（速達で送るほうがいいですよ。通常料金よりも費用がかかりますが）の **costs more than the usual fee** を **Pay an additional charge** と言い換えた㋑が正解です。

▶ **音のポイント**

though /ðóu/「ゾゥ」は、会話では（でも、…だけども）を意味し、その前のフレーズが補足情報だったことを伝える際に用いられます。

Chapter 2　**22講**　演習の問題 → 本冊P.61

内容一致問題

❶ ㋑
❷ ① ㋒
　　② ㋓

---

❶

［正解］ ㋑

［スクリプト］ W: Did you buy a cake at that popular

---

shop?

M: When I got there, lots of people were already waiting in line in front of the shop.

W: So did you give up?

M: No. **I got in line but the cakes were sold out while I was waiting.**

W: Well, I told you it was popular.

🈟 女性：あの人気のお店でケーキを買ったの？

男性：僕がそこに着いたとき、店の前でたくさんの人がすでに並んでいたんだ。

女：じゃあ、あきらめたの？

男：いいや。**列には並んだんだけど、並んでいる間にケーキが売り切れたんだよ。**

女：ね、人気だって言ったでしょ。

問　会話によると、正しいのはどれか？

㋐ 男性はケーキを買うために列に並ばなかった。
㋑ 男性はケーキを買えなかった。
㋒ 女性はそのお店が人気だと知らなかった。
㋓ 女性は男性にケーキを買わないように言った。

男性の最後の発言 I got in line but the cakes were sold out while I was waiting.（列には並んだんだけど、並んでいる間にケーキが売り切れたんだよ）の the cakes were sold out を The man wasn't able to buy a cake.（男性はケーキを買えなかった）と言い換えた㋑が正解です。

---

❷

① **［正解］** ㋒

［スクリプト］ W: **When and where will we meet next Saturday?**

M: Actually, I have to work on that day.

W: Really? You should have told me earlier!

M: I was suddenly told to attend a meeting by my manager two days ago.

W: I have to tell Amy. She was looking forward to seeing you for the first time in a long time.

🈟 女性：次の土曜、私たちはいつ、どこで会うの？

男性：実は、その日は働かなきゃならないんだ。

女：本当に？私にもっと早く言ってくれればよかったのに！

男：2日前に急にマネージャーから会議に出席するように言われたんだよ。

女：エイミーに言わないと。彼女も久しぶりにあなたに会うのを楽しみにしてたのに。

問　会話によると、正しいのはどれか？

㋐ 男性はマネージャーに会うのが楽しみだ。
㋑ 男性は2日前に女性と会う約束をした。
㋒ 男性は友人と会う計画をしていた。
㋓ 男性は仕事に早く来るように言われた。

選択肢から**男性・仕事・計画(約束)に関する内容**で、特に**男性は誰か(マネージャー・女性・友人)に会うのかが聞き取りのポイント**だと予想できます。

女性の最初の発言 When and where will we meet next Saturday?(次の土曜、私たちはいつ、どこで会うの?)から女性は男性と会う予定だったことがわかるため、㋑が正解です。続く男性の Actually, I have to work on that day.(実は、その日は働かなきゃならないんだ)から、その日には仕事の予定が入ってしまって会えなくなったという流れも理解できたか確認しておきましょう。

② [正解] ㋓

[スクリプト] M: Hi, I haven't seen you for a long time.

W: It's nice to see you! You look great. By the way, how's Natalia doing? She was a good boss.

M: **She quit the company three years after you left.**

W: Really? Do you know what she's doing now?

M: She started her own company! She seems to be successful in her business.

[訳] 男性:やあ、久しぶりだね。

女性:会えて嬉しいわ!元気そうだね。そういえば、ナターリアはどうしてるの?彼女は良い上司だったわ。

男:君が辞めた3年後に彼女も会社を辞めたよ。

女:本当に?彼女が今何をしているか知ってる?

男:自分の会社を作ったんだって!ビジネスで成功しているみたいだよ。

問 会話によると、正しいのはどれか?

㋐女性は新しいビジネスを始めようとしている。

㋑女性は彼女の以前の上司の会社について知っていた。

㋒女性は仕事を3年前に辞めた。

㋓女性は以前男性と一緒に働いていた。

仕事・男性・女性に関する内容で、特に㋑の former、㋒の quit、㋓の used to work から**女性のかつての仕事〔職場の人〕についてが聞き取りのポイント**のようです。

男性の2回目の発言 She [=Natalia] quit the company three years after you left.(君が辞めた3年後に彼女も会社を辞めたよ)から、**2人はかつて一緒に働いていた**ことがわかるため、㋓が正解で

す。three years を含む音のひっかけ選択肢㋒の quit a job three years ago を選ばないように注意です。女性の最初の発言内の **How is S doing?(Sの調子はどう?)**もよく用いられるフレーズなので、覚えておきましょう。

Chapter 2 **23講** 演習の問題 →本冊P.63

少しずつ違うイラストの選択問題

1 ㋓

2 ① ㋑ 聞き取りのポイント **イチゴ**

② ㋒ 聞き取りのポイント **サラダ / パン**

1 [正解] ㋓

[スクリプト] M: What will our son wear in the play?

W: He'll wear **a T-shirt with a pocket and long pants**.

M: Will he play **a monkey**?

W: **No, he'll be a stronger animal.**

Question: What will their son look like in the play?

[訳] 男性:劇で僕たちの息子は何を着るんだい?

女性:彼は1つポケットがあるTシャツと長いパンツを身につけるの。

男:彼はサルを演じるのかい?

女:いいえ、彼はもっと強い動物を演じるのよ。

問 劇で彼らの息子はどのように見えるのか?

女性の最初の発言 a T-shirt with a pocket and long pants(1つポケットがあるTシャツと長いパンツ)から㋐か㋓になり、それに続く Will he play **a monkey?(彼はサルを演じるのかい?)、No(いいえ)**のやり取りで㋓だとわかります。

▶ **音のポイント**

数がポイントになる場合は、名詞の前に a / an や数詞がついているか、名詞の後に複数形のsがついているかだけでなく、周辺のヒントとなる音を聞き逃さないようにしましょう。

2

① [正解] ㋑

[スクリプト] W: Why don't we buy some of these cakes?

M: Are you talking about **the triangular ones**?

W: **No, the other ones.** Our kids **prefer strawberries to blueberries**, right?

M: Yes. I'm sure they will be happy.

Question: Which cakes did they buy?

訳 女性：これらのケーキをいくつか買わない？

男性：三角のケーキのこと？

女：いいえ、他のほうよ。私たちの子どもはブルーベリーよりイチゴが好きよね？

男：ああ。きっと彼らは喜ぶぞ。

問　彼らはどのケーキを買ったのか？

聞き取りのポイント

ケーキに関する内容で、特に**ケーキの形（三角・丸）、ブルーベリーとイチゴのどちらが乗っているか**が聞き取りのポイントのようです。

男性の最初の発言内の the triangular ones（三角のケーキ）に対する No, the other ones.（いいえ、他のほうよ）から、三角でないほうのケーキ＝丸いケーキの④か㋤となります。この the other …（もう一方の…）はリスニング頻出のフレーズなので、必ず音と意味を覚えておきましょう。それに続く女性の Our kids **prefer strawberries to blueberries**, right?（私たちの子どもはブルーベリーよりイチゴが好きよね？）に対して男性が Yes と答えていることから④が正解です。prefer A to B（BよりAを好む）もよく使われる重要表現です。

② 正解 ㋤

スクリプト M: **This steak set with a salad** is recommended.

W: Good, **I'll have that.** **Could you change the bread to rice**, please?

M: **Certainly.** Would you like coffee with that?

W: **Just water is fine.**

Question: What did the woman order?

訳 男性：こちらのサラダのついたステーキセットがおすすめです。

女性：いいわね、それにするわ。パンをご飯に変えてもらえますか？

男：もちろん。ご一緒にコーヒーはいかがですか。

女：水だけで結構よ。

問　女性は何を注文したのか？

聞き取りのポイント

テーマは注文に関する内容で、特に**サラダの有無、パンかご飯か、水かコーヒーか**が聞き取りのポイントです。

男性の冒頭の発言 This steak set with a salad is recommended.（こちらのサラダのついたステー

キセットがおすすめです）に対して、女性が Good, I'll have that. Could you **change the bread to rice, please?**（いいわね、**それにするわ。パンをご飯に変えてもらえますか？**）と答えていることから、サラダ・ご飯が含まれる㋤・㋥にしぼられます。また、男性にコーヒーをすすめられ、女性が Just water is fine.（水だけで結構よ）と答えているので、正解は㋤になります。

▶ 音のポイント

steak /stéik/ は「ステーキ」ではなく「スティ（ク）」と発音されます。カタカナ語は、元の英語の発音から変わってしまっているものも多いので、注意しましょう。

Chapter 2 **24講** 演習の問題 → 本冊 P.65

バラバラなイラストの選択問題

① ④

② ① ㋐ テーマ 誕生日プレゼント

　② ㋥ テーマ 役割

1

正解 ④

スクリプト W: It's good for our new house, isn't it?

M: Well, **I'd like a bigger one with three drawers.**

W: How about this?

M: Oh, it looks nice. It has **a lamp**, too.

Question: Which furniture will they most likely buy?

訳 女性：これ、私たちの新しい家に良いよね？

男性：うーん、3つ引き出しがある大きいほうがいいな。

女：これはどう？

男：ああ、素敵だね。ランプもあるしね。

問　彼らはどの家具を買いそうか？

男性の最初の発言 **I'd like a bigger one with three drawers**（3つ引き出しがある大きいほうがいいな）から④、㋤のどちらかになります。また、最後の男性の発言 It has **a lamp**, too.（ランプもあるしね）から、④が正解です。

2

① 正解 ㋐

スクリプト M: Should we give our son **something**

for his studies?

W: **No, children want fun things** on their birthday.

M: How about this? I hear it's popular with children his age.

W: **I don't want him to play only at home.**

Question: Which is the best birthday present for their son?

訳 男性：息子に**勉強で使うもの**をあげるべきかな？

女性：いいえ、子どもは誕生日には**楽しいもの**が欲しいものよ。

男：これはどう？彼ぐらいの年の子どもに人気があるそうだよ。

女：**彼には家だけで遊んで欲しくはないわ**。

問　彼らの息子に一番良い誕生日プレゼントはどれか？

MEMO イラストの名称・説明の例

㋐ a skateboard、play outside　など、㋑ a dictionary、study with it、look up words in it など、㋒ a video game、play inside　など、㋓ stationery /stéiʃənèri/「スティシャナリ」（文房具）、study、something to write with など

テーマ 息子の誕生日プレゼントについて

最初の男性の発言 Should we give our son **something for his studies**?（息子に**勉強で使うもの**をあげるべきかな？）に対して女性が **No, children want fun things** on their birthday.（いいえ、子どもは誕生日には**楽しいもの**が欲しいものよ）と言っていることから、㋐・㋒のどちらかになります。また、最後の女性の発言 **I don't want him to play only at home.**（彼には家だけで遊んで欲しくはないわ）で㋒が外れ、残った（言及されなかった）㋐が正解です。

② 正解 ㋓

スクリプト B: **I don't want to be in the play** for the school festival.

G: Then, can you **direct our play** instead?

B: **I can't do such an important job!**

G: I see .... Please **work behind the scenes**, will you?

Question: What will the boy do for the school festival?

訳 男の子：学園祭の**劇に出たくない**な。

女の子：じゃあ、代わりに**劇の監督**をしてくれる？

男：そんな**重要な仕事できないよ！**

女：わかったわ…。**裏方で働いて**くれる？

問　男の子は学園祭で何をするか？

MEMO イラストの名称・説明の例

㋐ a director、direct a play など、㋑ a performer、a leading actor、perform on the stage など、㋒ a dancer、dance on the stage　など、㋓ a background role（裏方の役割）、work behind the scenes（裏方で働く）など

テーマ 学園祭の劇での役割について

男の子の最初の発言 **I don't want to be in the play** for the school festival.（学園祭の**劇に出たくない**な）で㋐・㋓のいずれかになります。次の女の子の発言 Then, can you **direct our play** instead?（じゃあ、代わりに**劇の監督**をしてくれる？）に対して男の子は **I can't do** such an important job!（そんな重要な仕事**できないよ！**）と答えていることから㋐が外れて、㋓が正解となります。最後の女の子の発言 Please **work behind the scenes**, will you?（**裏方で働いて**くれる？）からも㋓だとわかります。

アドバイス

メモは取ったほうがいいの？その場合はどう取るの？

この本の中でも繰り返し書いていますが、とてもよく聞かれる質問なので改めてお答えすると、忘れやすい**西暦や数字など**を除いては、**メモを取らないで聞き取りに集中できる**ようにしたほうが良いと思います。リスニングで重要なことは、**聞こえてくる英語に遅れを取らないこと**です。メモを取ることに気を取られてしまうと、英語を聞き逃してしまったり、ついていけなくなったりします。私を含め、この本を手に取ってくださっている方にとって、英語はおそらく外国語です。**外国語を聞きながら内容把握とメモを取るという2つのタスクを同時に行うことは思っているより難易度が高い**です。どうしてもメモを取りたい場合は**できる限り短く簡易的に取るべき**だと思いますが、**十分な準備を行って英語の聞き取りに集中できる環境を整えること**が重要だと考えています。

Chapter 2 25講 [演][習]の問題 → 本冊P.67

写真の位置選択問題

1 [ア]
2 ① [エ]
② [イ]

1

[正解] [ア]

[スクリプト] M: Is the doll Alice wants **on the top of the page**?

W: **Yes. It's the one wearing a hat.**

M: Is it **on the right at the end**?

W: **No, it's the other one.**

Question: Which is the doll Alice wants?

[訳] 男性:アリスが欲しがっている人形は**ページの上のほうにあるの**?

女性:**ええ。帽子を被っている人形よ。**

男:**右端の**かい?

女:**いいえ、もう1つのほうよ。**

問　アリスが欲しい人形はどれか?

男性の冒頭の発言Is the doll Alice wants **on the top of the page**?(アリスが欲しがっている人形は**ページの上のほうにあるの**?)に対して、女性が**Yes. It's the one wearing a hat.**(**ええ。帽子を被っている人形よ**)と答えていることから、[ア]・[イ]のいずれかになります。次の男性の発言Is it **on the right at the end**?(**右端の**かい?)に対して女性が**No, it's the other one.**(**いいえ、もう1つのほうよ**)と答えていることから、[ア]が正解となります。the other ...(もう一方の…)は重要情報を導くフレーズですので、必ず覚えておきましょう。

2

① [正解] [エ]

[スクリプト] G: **You caught a big fish! Who's the boy putting his hand on your shoulder?**

B: **He's my friend, Sam.**

G: **Is the boy next to him your brother?**

B: **No. He's my cousin, James.** My brother is next to me.

Question: Which person is the boy's cousin?

[訳] 女の子:**あなたは大きい魚を捕まえたのね!あなたの肩に手を置いている男の子は誰?**

男の子:**彼は僕の友達のサムだよ。**

女:**彼の隣にいるのはあなたの弟?**

男:**いいや。彼はいとこのジェイムスだよ。**僕の弟は僕の隣さ。

問　男の子のいとこはどの人か?

[テーマ]
キャンプの写真中の人の位置関係(それぞれが誰か)についてなど

位置関係の例は以下のようなものがあります。[ア] **a boy, next to the boy with a fish**など、[イ] **a boy with a fish**など、[ウ] **a boy putting his hand on the boy's shoulder**など、[エ] **a boy wearing a cap**など

聞こえた順番に選択肢を外していきましょう。まず、女の子の最初の発言**You caught a big fish!**(**あなたは大きい魚を捕まえたのね!**)から、魚を持っている[イ]がYouだとわかります。続く女の子の**Who's the boy putting his hand on your shoulder?**(**あなたの肩に手を置いている男の子は誰?**)に対して男の子は**He's my friend, Sam.**(**彼は僕の友達のサムだよ**)と答えていることから、[ウ]はサムだとわかります。それに続く女の子の発言**Is the boy next to him**[=Sam] **your brother?**(**彼の隣にいるのはあなたの弟?**)に対して男の子が**No. He's my cousin, James.**(**いいや、彼はいとこのジェイムスだよ**)と答えたので、[エ]が正解です。

▶ 音のポイント
onとyourは**混ざって**「オニュア」のように聞こえます。

② [正解] [イ]

[スクリプト] W: **Our leader, Emma, should be in the middle of the front row.**

M: Yeah. **The tallest girl should be right behind her.**

W: **Then, Chloe will be here** and **Tomo should be next to her**.

M: OK, let's take a picture.

Question: Which person is Tomo?

[訳] 女性:**私たちのリーダーのエマは、前列の中央にいなきゃならないわね。**

男性:ああ。**背が一番高い女の子は彼女の真後ろにいるべきだな。**

女:**それならクロエはここで、トモは彼女の隣にいるべきだわ。**

男:よし、写真を撮ろう。

カメラのモニターに映っている女の子たちの位置関係（それぞれが誰か）についてなど

位置関係の例は以下のようなものがあります。㋐ a girl in the middle of the back row（後列の中央の女の子）など、㋑ a girl on the right in the back row（後列右側の女の子）など、㋒ a girl in the middle of the front row（前列中央の女の子）など、㋓ a girl on the left in the front row（前列左側の女の子）など

聞こえた順番に選択肢を外していきましょう。女性の最初の発言 Our leader, Emma, should be in the middle of the front row.（私たちのリーダーのエマは、前列の中央にいなきゃならないわね）から、㋒がエマだとわかります。次の男性の発言 The tallest girl should be right behind her［＝Emma］.（背が一番高い女の子は彼女の真後ろにいるべきだな）に対し、女性が Then, Chloe will be here（それならクロエはここ）と答えていることから、㋐がクロエということになります。同じく女性の発言 Tomo should be next to her［＝Chloe］（トモは彼女の隣にいるべきだわ）から、㋑が正解となります。

Chapter 2　**26**講　演習の問題 → 本冊P.69

地図の位置選択問題

1 ㋒
2 ① ㋑　位置関係 ㋐㋑㋓ いずれの（　）も by［near］
② ㋓　位置関係 ㋐ along ㋑ middle ㋒ along / by［near］/ opposite ㋓ along / opposite

---

1

正解 ㋒

スクリプト W: We have to get gas somewhere.
M: There is **a gas station on the same street as the restaurant**.
W: Do you mean the one **next to the post office**?

M: That's it!　It's **behind the hotel**.
Question: Where is the gas station?
訳 女性：どこかでガソリンを入れないと。
男性：レストランと同じ通りにガソリンスタンドがあるよ。
女：郵便局の隣のガソリンスタンドのこと？
男：それだよ！**ホテルの裏**にある。
問　ガソリンスタンドはどこにありますか？
男性の最初の発言 There is **a gas station on the same street as the restaurant**.（**レストランと同じ通りにガソリンスタンドがあるよ**）から、ガソリンスタンドは㋑・㋒・㋓のいずれかになります。次の女性の発言 Do you mean the one **next to the post office**?（**郵便局の隣のガソリンスタンドのこと？**）から㋑・㋒のどちらかだとわかり、男性の最後の発言 It's **behind the hotel**.（**ホテルの裏にある**）から㋒だと決めることができます。

▶ 音のポイント
gas /gǽs/ は「ガス」ではなく「**ゲァス**」のように聞こえます。また、post /póust/ も「ポスト」ではなく「**ポゥス（ト）**」のように聞こえます。このようなカタカナ語は正しい英語の発音を覚えておきましょう。

2
① 正解 ㋑

スクリプト W: I might have left my umbrella here.　I sat **at a table near the bathroom**.
M: Was that **by the window**?
W: **No, on the counter side**.
M: Oh, yes.　Could this be your umbrella?
Question: Where did the woman sit?
訳 女性：ここに傘を忘れたかもしれないんです。トイレの近くのテーブルに座りました。
男性：窓のそばのテーブルでしたか？
女：いいえ、カウンター側だったわ。
男：ああ、はい。こちらがあなたの傘でしょうか？
問　女性はどこに座ったか？

テーマ

女性の傘がどこにあるかについてなど

位置関係

㋐ a seat by［near］the window / the bathroom など、㋑ a seat by［near］the bathroom / the counter /káuntər/「カゥンタァ」（カウンター）など、㋒ a seat at the counter など、㋓ a seat by［near］the window など

女性の最初の発言 I sat **at a table near the bathroom.（トイレの近くのテーブルに座りました）** から、女性が座ったのは㋐・㋑のいずれかだとわかり、次の男性の発言 Was that **by the window?（窓のそばのテーブルでしたか？）** に対して女性が **No, on the counter side.（いいえ、カウンター側だったわ）** と答えたことから、㋑に絞ることができます。

▶ 音のポイント
might have の **have** は「ァヴ」のように短く読み上げられ、さらに **might** とつながり「マイタヴ」のように聞こえます。

----

② 　**正解** ㋔
スクリプト M: Let's rearrange the furniture.
W: We should put the sofa **along the wall**.
M: I agree. But **by the door isn't good**.
W: And it should be **on the other side of the TV**.
Question: Where will they put the sofa?
訳 男性：家具の配置を変えよう。
女性：ソファは壁に沿って置くべきね。
男：そうだね。でも、**ドアのそばは良くないよ**。
女：それに**テレビの逆側にあるべきだわ**。
問　彼らはソファをどこに置くつもりか？

テーマ
ソファの位置についてなど

位置関係
㋐ **along the wall** など、㋑ **in the middle of the room** など、㋒ **along the wall、by ［near］ the door、opposite the TV** など、㋔ **along the wall、opposite the TV** など

女性の最初の発言 We should put the sofa **along the wall.（ソファは壁に沿って置くべきね）** から、ソファの位置は㋐・㋒・㋔になります。次の男性の発言 **by the door isn't good（ドアのそばは良くないよ）** から、㋐・㋔のいずれかに絞られ、女性の最後の発言 it should be **on the other side of the TV（テレビの逆側にあるべきだわ）** から㋔に決めることができます。

アドバイス

地図の位置関係を把握するのが苦手なんです…
地図は複雑になればなるほど難しく感じますよね。建物が複数出てくるような複雑な地図の場合は、この講で紹介した準備に加えて、**現在地や東西南北などの情報**が記されていないかも確認しましょう。

記されている場合は、**それらの情報も問題を解く際に必要**だということです。音声を聞く際にはメモを取ったりするのではなく、**音声に合わせて手を動かしていく**ようにしましょう。地図などの問題は、**位置関係を表すフレーズを覚えておくこと**が何よりも重要です。この本の中に出てきたものに加え、文法などの勉強で出会ったフレーズも積極的に覚えるようにしましょう！

Chapter 3　**27講**　**演習**の問題 → 本冊 P.71

主張を把握する問題

1 ㋔
2 ㋑　**肯定・否定** ㋐ + 　㋑ − 　㋒ − 　㋔ +

1 　**正解** ㋔
スクリプト Sophia: Hey, Alex. **Did you see the picture William posted on Twitter? It was really funny!**
Alex: I'm sorry, Sophia, but I'm not on any social media.
S: **Seriously? Why not?**
A: **Using social media can be a bad influence** on young people like us.
S: You mean it can cause problems among students?
A: Yeah. **When we comment on social media, we might say something bad** because we can't see the person's face.
S: But now almost all students exchange information through social media. We post our photos or write about recent events, and we talk about what we saw on social media at school. **If you don't use social media, you can't join in conversations.** That's more likely to lead to problems.
A: **I don't need a friend who talks about nothing but social media.** Besides, the information on social media isn't reliable. There's a lot of fake news.
S: Then where do you get information?
A: I usually watch the news on TV or read a newspaper.

S: Well, I don't think all the news on TV is true.

🈩 ソフィア：こんにちは、アレックス。**ウィリアムがツイッターに投稿した写真見た？本当に面白かったよね！**

アレックス：ごめん、ソフィア、でも SNS は何も使ってないんだ。

ソ：**本当に？なんで使ってないの？**

ア：SNS を使うことは僕たちみたいな若者に**悪影響になりうるよ。**

ソ：学生間で問題を引き起こす可能性があるってこと？

ア：ああ。SNS に**コメントするとき、その人の顔が見えないからひどいことを言うかもしれないだろ。**

ソ：でも、今はほとんど全員の学生が SNS を通じて情報を交換しているわ。写真を投稿したり最近の出来事について書いたり、それに SNS で見たことについて学校で話したりするし。**もし SNS を使わないと、会話に加われないよ。**そのほうが問題を引き起こす可能性があるわ。

ア：SNS のことしか話さない友達は必要ないよ。それに、SNS の情報は信用ならないよ。フェイクニュースがたくさんあるんだ。

ソ：それなら、あなたはどこで情報を手に入れてるの？

ア：たいていテレビでニュースを見るか、新聞を読むよ。

ソ：うーん、テレビのニュースが全て本当だとは思わないわ。

問　ソフィアの主張は何か？

㋐ 画面の向こうからコメントすることは人の気持ちを傷つけることがある。

㋑ 学生間の問題は SNS で解決できる。

㋒ 友人と面と向かって話す必要は全くない。

㋓ SNS を使っていない人は取り残される可能性がある。

ソフィアは冒頭で **Did you see the picture William posted on Twitter? It was really funny!（ウィリアムがツイッターに投稿した写真見た？本当に面白かったよね！）** と SNS の話題を持ち掛けていたり、アレックスの最初の発言 **I'm not on any social media（SNS は何も使ってないんだ）** に **Seriously? Why not?（本当に？なんで使ってないの？）** と答えていることなどから **SNS 賛成派**であることがわかるため、㋑・㋒・㋓が正解である可能性が高くなります。ソフィアの4度目の発言内の **If you don't use social media, you can't join in conversations.（もし SNS を使わないと、会話に加われないよ）** を **be left out（取り残される）** とまとめた㋓が正解です。

2 正解 ㋑

🈩（※スクリプトは省略）とキーフレーズの例

問　アレックスの主張は何か？

㋐ SNS で会話するのは面白い。

→ ＋ / Having a conversation、fun

㋑ 学生にとって SNS を使うことは必須ではない。

→ － / not essential

㋒ 学生は個人情報を SNS に投稿すべきでない。

→ － / shouldn't post personal information

㋓ テレビや新聞にフェイクニュースが含まれる。

→ ＋ / fake news on TV and in the newspaper
　※中立（どちらでもない）としても可。

キーフレーズで重要なのは「要旨をつかむ」ことなので、上記と全く同じでなくても OK です。

アレックスの2度目の発言 **Using social media can be a bad influence** on young people like us.（**SNS を使うことは僕たちみたいな若者に悪影響になりうるよ**）などから、**アレックスは SNS 反対派**であることがわかるため、㋑・㋒が正解である可能性が高くなります。アレックスは㋒のように個人情報を投稿することについては言及しておらず、3度目の発言 **When we comment on social media, we might say something bad** because we can't see the person's face.（**SNS にコメントするとき、その人の顔が見えないからひどいことを言うかもしれないだろ**）や、4度目の発言 **I don't need a friend who talks about nothing but social media.（SNS のことしか話さない友達は必要ないよ**）などの**主張**をまとめて **It's not essential for students to use social media.（学生にとって SNS を使うことは必須ではない**）とした㋑が正解です。

アドバイス

わからない単語が出てくると、そこから全く内容が入ってこなくなるんです…

この場合まず**重要なのは、単語力をつける**ことです。単語帳を使ったり、長文で出てきた知らない単語は**発音・アクセント**も調べたりして、積極的に覚えるようにしましょう。それでも、わからない単語に出会うこともあるので、「**わからない単語が含まれる場合もある**」「**全部完ぺきに聞き取れなくても大丈夫**」という意識を持っておきましょう。また、**聞き始める前に状況・問い・選択肢を読み準備をしておく**ことで、ある程度内容の予想がつくことも多いので、聞き取れない単語をカバーすることができます。それでも全くわからなくなってしまった場合は㋑を選ぶ、のようにあらかじめ決めておいたものを解答し、**次の問題の準備に時間をまわ**

すという切り替えも重要です。

28講 演習の問題 → 本冊P.73

同意推測問題

1 ⓦ

2 ⓘ 肯定・否定 ⓐ − ⓘ − ⓦ − ⓔ ＋

---

1 正解 ⓦ

スクリプト Jane: Hi, Ren. You got your driver's license recently, right? Will you buy a car?

Ren: **I don't have any plans to do that** at the moment.

J: Really? Then why did you get your license?

R: Well, I just need an ID card. When I graduate from college, I can't use my student card as an ID.

J: You got your license, so **I think you should have a car. It will be convenient.**

R: Even a used car is expensive. I can't afford it. And **I can't drive** when I think **I might cause an accident. It's dangerous.**

J: If you think like that, you can't ride a bike, either.

R: **Trains are good enough for me. They are more eco-friendly!**

J: I think taking a crowded train every morning is very stressful. **Driving to college is more relaxing.** You'll need a car when you start working anyway.

R: I'll think about that when the time comes.

J: Oh, I expected you would drive for our graduation trip.

R: Oh, come on, Jane! We can rent a car when we need one!

訳 ジェーン：こんにちは、レン。最近運転免許を取ったのよね？車を買うの？

レン：今は**その予定は全くない**な。

ジ：本当？じゃあ、何で免許を取ったの？

レ：うーん、ただ身分証明書が必要だったんだよ。大学を卒業したら、学生証を身分証明書として使えなくなるからね。

ジ：免許を取ったんだから、**車を持つべきだと思う**

よ。車は便利だわ。

レ：中古車だって高いんだ。買えないよ。それに、**事故を起こすかもしれない**と思うと**運転できない。車は危険だよ。**

ジ：そんな風に考えるなら、自転車だって乗れないわ。

レ：僕には**電車で十分だ。電車はもっと環境にやさしいしね！**

ジ：毎朝混雑した電車に乗るのはとてもストレスだと思うわ。**大学に車で行くほうがリラックスできるよ。**働き始めたらいずれにせよ車が必要になるわ。

レ：その時が来たら考えるさ。

ジ：あら、私たちの卒業旅行で運転してくれると思ってたわ。

レ：冗談やめてよ、ジェーン！車が必要なら借りられるよ！

問　ジェーンが同意しそうなのは以下のどれか？

ⓐ 車の免許は便利な身分証明書だ。

ⓘ 中古車は学生にとって最適だ。

ⓦ 車を運転することでストレスが減らされる可能性がある。

ⓔ 電車に乗ることは車を所有するよりも安い。

ジェーンの3度目の発言 You got your license, so **I think you should have a car. It will be convenient.**（免許を取ったんだから、**車を持つべきだと思うよ。車は便利だわ**）などから、**ジェーンは車の所有について賛成している**ことがわかるため、ⓐ・ⓘ・ⓦのいずれかが正解の可能性が高いです。特に、5度目の発言の I think taking a crowded train every morning is very stressful. **Driving to college is more relaxing.**（毎朝混雑した電車に乗るのはとてもストレスだと思うわ。**大学に車で行くほうがリラックスできるよ**）を元にした考えであるⓦが正解です。

---

2 正解 ⓘ

訳（※スクリプトは省略）とキーフレーズの例

問　レンが同意しそうなのは以下のどれか？

ⓐ 毎朝大学に行くには自転車で十分だ。

→ − / **A bicycle is good enough**

ⓘ 車は危険で環境に悪い。

→ − / **dangerous、bad for the environment**

ⓦ 車で混雑した道路を運転するのはストレスだ。

→ − / **Driving、stressful**

ⓔ 車を所有することは借りるよりも便利だ。

→ ＋ / **Having a car、more convenient**

ここでも、キーフレーズで重要なのは「要旨をつかむ」ことなので、上記と全く同じでなくてもOKです。

レンの冒頭の発言 **I don't have any plans to do**

36

that[=buy a car] at the moment.(今は**その予定は全くないな**)や3度目の発言の**I can't drive** when I think **I might cause an accident. It's dangerous.**(**事故を起こすかもしれない**と思うと**運転できない。車は危険だよ**)から**レンは車の所有について反対している**ことがわかるため、[ア]・[イ]・[ウ]のいずれかが正解の可能性が高いです。3度目の発言、及び4度目の発言**Trains are good enough for me. They are more eco-friendly!**(**僕には電車で十分だ。電車は**(車より)**もっと環境にやさしいしね!**)**を元にした考え**である[イ]が正解です。

アドバイス

問題を解くときに準備する時間なんてない!

短文の言い換え問題や会話文問題だと、特別に準備時間が設けられていないことも多いため、時間がないというのはもっともな意見です。このような場合でも、準備時間を捻出するためにできることはいくつかあります。まず1つ目は、**練習を繰り返すことで、準備自体の速度を上げること**です。これがこの本で目指していることですね。**何度も繰り返し行い、習慣化すると、聞き取りのポイントが速く見つけられるようになります**。また、練習を積む過程で英語に触れる頻度も増えるため、必然的に選択肢の内容を把握する速度も上がってくるでしょう。2つ目は、**日本語での指示がなされている時間を有効に使う**ことです。指示文は素早く黙読し、その後は準備をする時間にあてるようにしましょう。本書で行っているような準備が**完ぺきにできなくても大丈夫**です。リスニングでは「**聞く前の準備が重要**」で、準備であぶりだした「**情報を求めて聞く**」という姿勢を持つことが重要なのです。

Chapter 3 **29講** [演][習]の問題 ➡本冊P.75

長い会話での内容一致問題

1 [ウ]
2 [ウ] [言い換え] [ア] **risky[unsafe]** [イ] **save** [ウ] **alone** [エ] **alone[isolated]**
[聞き取りのポイント] **一人暮らし**

1 [正解][ウ]

[スクリプト] Dylan: Hi, Maria. School hasn't started yet, but you already look tired.
Maria: Hi, Dylan. Well, it takes two hours to get to school every morning. I get tired just from traveling to school.
D: Does it take that long? You live with your family now, right? **Why not live near the school like me?**
M: **I'm anxious about living alone.** It can be dangerous and it costs a lot.
D: I understand. **But** you can choose an apartment with good security and save money by cooking your own food. **And above all, you can enjoy your alone time.**
M: **It's natural for me to live with my family. So if I live alone, I'll probably feel lonely.**
D: **Then** how about having a pet?
M: I'm allergic to some animals. But having a pet sounds fun. I read that some people have AI robots as pets.
D: Yeah. You can have robot pets without worrying about allergies. **Anyway**, it's too long to spend two hours on the train. **It's time you became independent.**
M: **Yeah, you may be right.**

[訳] ディラン:やあ、マリア。学校はまだ始まってないのに、もう疲れているようだね。
マリア:こんにちは、ディラン。うーん、毎朝学校に来るのに2時間かかるの。通学するだけで疲れちゃうわ。
デ:そんなにかかるの?今家族と一緒に住んでいるんだよね?**僕みたいに学校の近くに住んだらどう?**
マ:**一人暮らしするのは心配なの。**危険かもしれないし、お金もたくさんかかるわ。
デ:わかるよ。**でも、**セキュリティがしっかりしているアパートを選べるし、自分で料理することでお金を節約できるよ。**それに何より、一人の時間も楽しめるしね。**
マ:**家族と一緒に住むのが私にとっては自然なのよ。だから一人暮らしすると、きっとさみしく感じるわ。**
デ:**それなら、**ペットを飼うのはどう?
マ:私は一部の動物にアレルギーがあるのよ。でも、ペットを飼うのは楽しそう。AIロボットをペットとして飼う人もいるって読んだわ。
デ:ああ。アレルギーのことを気にせずにロボットペットを飼えるね。**とにかく、**電車で2時間過ごすのは長すぎるよ。**自立するときさ。**

マ：ええ、あなたの言う通りかもね。

問　マリアは何の選択をする必要があるのか？

㋐ 自分で料理するか、外食するか

㋑ ペットを飼うかAIロボットを飼うか

㋒ 家族と一緒に暮らすかどうか

㋓ 安いアパートを借りるか、安全なアパートを借りるか

冒頭の2人の会話から、**マリアは通学に長時間かかっている**ことがわかります。そこでディランは2度目の発言で **Why not live near the school like me?（僕みたいに学校の近くに住んだらどう？）** と提案していますが、マリアは **I'm anxious about living alone.（一人暮らしするのは心配なの）** と返したため、ディランは一人暮らしの良さなどについてマリアに話します。最終的には、ディランの最後の発言内の **It's time you became independent.（自立するときさ）** に、**Yeah, you may be right.（ええ、あなたの言う通りかもね）** と返しており、**まだはっきり決め切れてはいない様子**が伝わってきます。この**会話全体をまとめた**㋒が正解です。

- -

▶ 音のポイント
会話全体に複数回 **can** が出てきますが、「キャン」のようにはっきりではなく、「**カン**」「**クン**」のように**弱く短く聞こえる**ということを確認しましょう。また、**allergy** /ǽlərdʒi/ は「アレルギー」ではなく、「**ェアラ（ァ）ヂィ**」のように聞こえます。

- -

2 〔正解〕㋒

🔊（対話部分は **1** と同じため省略）

問　ディランは一人暮らしについてどう思っているのか？

㋐ 女性にとって危険なはずがない。

㋑ 自炊することで節約することは難しい。

㋒ 自分の時間を持てる。

㋓ 一人暮らしすることで寂しく感じるかもしれない。

〔聞き取りのポイント〕
一人暮らしについての内容で、特にディランは**一人暮らしについてどう思っているかが聞き取りのポイント**です。

〔言い換え〕
㋐ women living alone can't be risky [unsafe] など、㋑ you can't save money easily by cooking your own food など、㋒ you can enjoy your alone time など、㋓ you may feel alone [feel isolated] by living alone など
1文ではなく単語だけでも OK。「どのような単語

（フレーズ）が聞こえてくる可能性があるか」を考えておくことが重要です。

ディランは一人暮らしをマリアに勧めていることから、**肯定的な意見**が正解になりそうです。ディランの3度目の発言で And **above all, you can enjoy your alone time.（それに何より、一人の時間も楽しめるしね）** と言っているため、それを**言い換えた**㋒が正解です。㋓は**マリアの発言**なので、間違えて選ばないようにしましょう。

〔アドバイス〕

講義や会話などの長い英語だと内容がわからなくなります…

講義などの長めの英語の場合は、準備がより一層重要です。何も準備なしに聞いてしまうとメモを一生懸命取ることになって、英語に遅れを取り、今何の話をしているかわからなくなる…という悪循環に陥りがちです。**長めの英語であればあるほど準備の時間が取られていることが多いので、そこでテーマを確認し、表や選択肢などの情報からどのようなことが話されるかを見つけた上で英語を聞く**ようにしましょう。また、「たくさん聞く」という練習を通じて、**内容を把握したり、内容を記憶したりする訓練を積む**ことも重要です。

Chapter 3　**30** 講　〔演習〕の問題 → 本冊 P.77

資料参照問題

1　① ㋒
　　② ㋓　〔聞き取りのポイント〕1か月の合計〔月会費〕

1　〔正解〕① ㋒　② ㋓
〔スクリプト〕Steven: I'm planning to join this soccer school. What do you think, Lily?

Lily: It looks good, Steven. You can take **this course in the evening after work**.

S: Yeah. **It's also cheaper than the one on the**

weekend. Will you join me?

L: Hmm ... I think I need to get some exercise, but I don't have the energy to play sports after work. **I'll try this course on the weekend because it lets me relax in the afternoon.**

S: That's a pity. If I had someone to go with, I would be more motivated.

L: **How about your daughter? Isn't she interested in soccer?**

S: **Oh, yes! She might want to take lessons. I'll invite her.**

L: You can get a discount for her, can't you?

S: **No, she's already a junior high school student.**

L: Wow, she's grown fast!

[訳] スティーヴン：このサッカースクールに参加しようと思っているんだ。リリー、どう思う？

リリー：良さそうね、スティーヴン。**このコースは夕方、仕事の後に**受けられるわ。

ス：うん。**それに週末のコースよりも安いしね**。一緒にやる？

リ：うーん…何か運動する必要があると思うけど、仕事の後にスポーツをするエネルギーはないなあ。**午後にリラックスできそうだから、週末のこのコースにしてみようかな。**

ス：それは残念だな。もし誰か一緒に行く人がいたら、もっとやる気になるだろうに。

リ：**あなたの娘さんはどう？彼女はサッカーに興味があるんじゃない？**

ス：**ああ、そうだね！彼女はレッスンを受けたいかもしれないな。彼女を誘おう。**

リ：彼女の分の割引が受けられるよね？

ス：**いいや、彼女はもう中学生だよ。**

リ：あら、大きくなるのが早いわね！

イーサンのサッカースクール
パームストリート35番地にお越しください。
私たちとサッカーをしましょう！
4つのコースを提供しています。

コースA（1ヵ月40ドル） 水曜日
午前9時から11時

コースB（1ヵ月50ドル） 木曜日
午後7時から9時

コースC（1ヵ月55ドル） 日曜日
午前9時から11時

コースD（1ヵ月60ドル） 土曜日
午後1時から3時

・2つ以上のコースを受講する場合は、15ドルの割引を受けることができます。
・10歳以下のお子様は、10ドルの割引を受けることができます。
・ボールを無料で貸し出しています。手ぶらで来てください！

①

[訳] リリーはどのコースを受講しそうか？

リリーの2度目の発言 **I'll try this course on the weekend because it lets me relax in the afternoon.**（**午後にリラックスできそうだから、週末のこのコースにしてみようかな**）から、週末のコースであるCとDのうち、**午前中のクラスである**（午後はリラックスできる）C、つまり㋒が正解とわかります。

▶ 音のポイント

energy は「エネルギー」ではなく、/énərdʒi/「**エナディ**」と発音されます。**正しい音を覚えておきましょう。**

②

[訳] スティーヴンは1か月に合計でいくら払うことになりそうか？

[聞き取りのポイント]

スティーヴンが1か月の合計〔月会費〕としていくら払うかについてが**聞き取りのポイント**です。**コース説明の金額**や、その下に**箇条書きされている料金に関する記述**なども音声が流れる前に確認しておきましょう。

リリーの最初の発言 You can take **this course in the evening after work.**（このコースは**夕方、仕事の後に**受けられるわ）と、それに次ぐスティーヴンの発言 Yeah. **It's also cheaper than the one on the weekend.**（うん。**それに週末のコースよりも安いしね**）から、**平日のコース**であるAとBのうち、**夜のクラス**であるBを受講することになりそうです。チラシから、Bの料金は$50だとわかります。さらに、リリーの3度目の発言 **How about your daughter?**（**あなたの娘さんはどう？**）と、それに次ぐスティーヴンの発言 **She might want to take lessons. I'll invite her.**（**彼女はレッスンを受けたいかもしれないな。彼女を誘おう**）からスティーヴンの娘も参加する可能性があることがわかります。また、スティーヴンの最後の発言 No, **she's already a junior high school student.**（いいや、**彼女はもう中学生だよ**）から、コース説明の下の2つ目の項目に書かれている**割引の対象外**であることもわかる

ため、彼女の分も合わせると $50×2人で合計は①
$100になります。

💬 **アドバイス** 👩

音読ってしたほうがいいの？

フレーズが頭に残りやすくなるなど、音読には様々
なメリットがあります。音読することは良いこと
ですが、**どのように音読するかが重要**です。発音・
アクセント・イントネーションを気にせずに自己流
で音読していると、間違った発音を覚えて、リスニ
ングにも悪影響が出る可能性があります。音読す
る際には、**正しい英語の発音をできる限りまねす
るようにしましょう。英語らしい音をまねするこ
とによって、正しい単語の発音や英語らしい音の
つながり等に気づくことができますよ**。また、スク
リプトを見て、音のつながりや内容などを確認し
たり、音読した後に**シャドーイング**をしたりする
こともおすすめです。シャドーイングは、聞こえて
きた音声のすぐ後を「影」のように追って復唱する
学習方法のことです。初見の英文でのシャドーイン
グはとても難しいですので、まずはよく内容を
知っている短めの英文（本書の**01講〜07講**など）を
使ってチャレンジしてみましょう！

Chapter 3 **31講** (演)(習)の問題 → 本冊P.79

立場を把握する問題
（4人の会話①）

1 (ウ)
2 (イ) (テーマ) notes / class

1 (正解)(ウ)

(スクリプト) Yui: Hanna, did you hear that our
school is considering changing the
school uniform design? I can't wait to
see the new design.

Hanna: Are you serious, Yui? **We should do away
with the school uniform.** We all have the
right to express ourselves with our
clothes. Ryan, you agree with me,
don't you?

Ryan: **I think we need it.** Wearing a school
uniform gives us a sense of belonging to

our school. I mean, when we wear school
uniforms, we tend to think and act like
members of the school. What do you
think, James?

James: Well, our school uniform isn't that good. I
sometimes feel too hot in summer, and
too cold in winter.

Y: **It saves time** because we don't have to
pick out clothes in the morning. **That's great
for someone who gets up late like you,
James.**

J: **You're right, Yui.** It's definitely helpful for
people who oversleep.

H: But some boys want to wear skirts and some
girls want to wear pants. They may feel
uncomfortable with school uniforms.

Y: Then we should make a rule that they can wear
whichever type of uniforms they like.

R: That's a great idea.

(訳) ユイ：ハンナ、私たちの学校は制服のデザインを
変えることを検討しているって聞いた？
新しいデザインを見るのが待ちきれない
わ。

ハンナ：ユイ、本気なの？制服を廃止すべきよ。私
たちは皆自分の服で自分自身を表現する
権利を持っているわ。ライアン、私に賛成
するでしょ？

ライアン：僕は制服は必要だと思うな。制服を着る
ことで学校に所属しているという気持ち
になるんだよ。つまり、制服を着ると、
我々は学校の一員らしく考え、振舞う傾
向にあるんだ。ジェイムス、どう思う？

ジェイムス：うーん、僕たちの制服はそんなに良く
ないよ。夏には暑すぎると感じたり、
冬には寒すぎると感じたりするし。

ユ：朝に服を選ばなくていいから、**時間の節約にな
るよ。あなたみたいに起きるのが遅い人にはと
てもいいわよね、ジェイムス。**

ジ：君の言う通りだね、ユイ。寝坊する人たちにと
っては確かに便利だよ。

ハ：でも、スカートを履きたい男の子も、パンツを
履きたい女の子もいるわ。その人たちは制服を
不快に感じるかもしれないわ。

ユ：それなら、好きなタイプの制服をどちらでも着
れるというルールを作るべきだわ。

ラ：いい考えだね。

各人物の主張が特にわかる発言は以下の通りです。
赤字は (MEMO) の表の記入例にあたる部分です。

ユイ（2度目の発言）：**It saves time** because we
don't have to pick out clothes in the morning.（朝
に服を選ばなくていいから、**時間の節約になるよ**）

→○（賛成）

ハンナ（最初の発言）: **We should do away with the school uniform.（制服を廃止すべきよ）**→×（反対）

ライアン（最初の発言）: **I think we need it.（僕は制服は必要だと思うな）**→○（賛成）

ジェイムス（2度目の発言）: ユイの2度目の発言を受けて、**You're right, Yui. It's definitely helpful for people who oversleep.（君の言う通りだね、ユイ。寝坊する人たちにとっては確かに便利だよ）**→○（賛成）

以上から、賛成しているのは3人（ユイ・ライアン・ジェイムス）だとわかります。

- -

▶ 音のポイント

ユイの冒頭の発言内の **I can't wait to do（…するのが待ちきれない）** は定番のフレーズですので、音と意味を覚えておきましょう。ハンナの冒頭の発言内に含まれる **clothes** /klóu(ð)z/ は「クローズィーズ」ではなく、「**クロゥズ**」と発音され、**close** /klóuz/ **と同じような発音**に聞こえます。

- -

2 正解 ⓘ

スクリプト Anna: Why do you always take a picture of the blackboard, Takumi?

Takumi: So that I can check what the teacher wrote later, Anna.

A: Most of the teachers in Japan write so neatly on the board. It's easy to read.

Mark: Yeah. And many students in Japan copy everything teachers write in their notebooks. I was surprised because that's different from the United States. Shiho, you always copy from the board so carefully.

Shiho: Yes, Mark. **I can understand better if I make good notes.** I don't think we should take pictures of the board. Why not take your own notes, Takumi?

T: I think **that's a waste of time and paper**.

A: **I agree. I don't take notes during class.** I listen to the teacher carefully and try to participate actively by asking questions.

M: Yeah, Anna. I like to ask questions, too. **But it's necessary to take notes of important points.** I don't copy everything but sometimes write down what the teacher says.

T: Listening to the teacher is the most important. Shiho, you focus too much on copying from the board and can't listen to the teacher, right?

S: I can do both at the same time.

M: Well, everyone has their own style of learning!

訳 アンナ：タクミ、どうしていつも黒板の写真を撮るの？

タクミ：後で先生が書いたことを確認するためだよ、アンナ。

ア：日本の先生の大半がとってもきれいに黒板を書くよね。読みやすいわ。

マーク：ああ。そして日本の多くの生徒が先生が書くことを何でもノートに写すよね。アメリカと違うから驚いたよ。シホ、君はいつもとても慎重に黒板を写すよね。

シホ：ええ、マーク。**しっかりノートを取ると、より理解できるのよ。**黒板の写真を撮るべきではないと思うわ。どうして自分自身でノートを取らないの、タクミ？

タ：時間と紙の無駄だと思うんだ。

ア：私もそう思うわ。**私は授業中ノートは取らないの。**先生の話を注意深く聞いて、質問をすることで積極的に参加しようとするわ。

マ：そうだね、アンナ。僕も質問をするのが好きだよ。**でも、重要な点のノートを取るのは必要だよ。**僕は何でも写すことはしないけど、時々は先生が言っていることを書くな。

タ：先生の話を聞くことが一番重要だよ。シホ、黒板を写すことに集中しすぎて、先生の話を聞けないんじゃない？

シ：私は同時に両方できるわ。

マ：皆それぞれの学習方法があるよね！

テーマ

授業中にノートを取ること（taking notes during class）について

MEMO 賛成意見の例

(it) helps us to study later（後で勉強する役に立つ）、**(it) makes it easy to understand the lecture（授業を理解しやすくする）**、**(it) helps to memorize important points（重要なポイントを覚えるのに役立つ）** など。文ではなくて study later、memorize などのフレーズや単語だけでも十分です。「どのような単語（フレーズ）が聞こえてくる可能性があるか」を考えておくことが重要です。

MEMO 反対意見の例

a waste of paper、**I can't concentrate on the lecture（授業に集中できない）**、**listening to what the teacher is saying is more important（先生が言っていることを聞くことのほうが重要）** など。文ではなくて waste、concentrate on などの

フレーズや単語だけでも十分です。「どのような単語（フレーズ）が聞こえてくる可能性があるか」を考えておくことが重要です。

各人物の主張が特にわかる発言は以下の通りです。赤字は MEMO の表の記入例にあたる部分です。

アンナ（3度目の発言）：**I don't take notes during class.**（私は授業中ノートは取らないの）→×（反対）

タクミ（2度目の発言）：I think **that's a waste of time and paper.**（時間と紙の無駄だと思うんだ）→×（反対）

マーク（2度目の発言）：**it's necessary to take notes of important points.**（重要な点のノートを取るのは必要だよ）→○（賛成）

シホ（最初の発言）：**I can understand better if I make good notes.**（しっかりノートを取ると、より理解できるのよ）→○（賛成）

以上から、賛成しているのは2人（マーク・シホ）だとわかります。

Chapter 3 **32**講 演習の問題 → 本冊 P.81

グラフ選択問題
（4人の会話②）

---

❶ ㋑
❷ ㋓ テーマ experiments［tests / testing］

---

❶ 正解 ㋑

スクリプト Tsutomu: Hey, Laura. I read a very interesting book recently. I think you'd like it.

Laura: Sorry, I don't have time to read books now, Tsutomu.

Jim: I often go to the school library. Lots of students study there, but only a few students read.

T: You're right, Jim. But actually, **Japanese students are reading more books recently**.

L: Even so, I don't know why some people read paper books. I think more people prefer digital books.

Emma: I agree with Laura. I usually read books on my smartphone. They're often cheaper than paper ones.

J: I know, Emma. But some people like paper

books because they feel they truly own them.

T: In addition, it's bad for our eyes to look at the screen on a smartphone or a tablet for a long time. The light from them can also affect the quality of sleep.

E: Yeah. I guess it's better to read paper books.

L: Speaking of bad effects, Tsutomu, using too much paper is bad for the environment.

J: You should keep in mind that e-book readers and tablets also use many resources, Laura!

訳 ツトム：やあ、ローラ。最近とても面白い本を読んだんだ。君も好きだと思うよ。

ローラ：ごめんね、今は本を読む時間がないの、ツトム。

ジム：僕はよく学校の図書館に行くんだ。たくさんの生徒がそこで勉強しているけど、ほんの少しの生徒しか本を読んでいないんだ。

ツ：君の言う通りだよ、ジム。でも実は、**日本の学生は最近以前より多くの本を読んでいるんだ。**

ロ：例えそうだとしても、なぜ紙の本を読む人がいるのか理解できないわ。デジタルの本を好む人がもっと多いと思うの。

エマ：ローラに賛成だわ。私はたいていスマホで本を読んでいるの。紙の本よりも安いこともしばしばよ。

ジ：エマ、そうだね。でも、本当の意味で所有していると感じられるから、紙の本を好きな人もいるんだよ。

ツ：それに、長い時間スマホやタブレットのスクリーンを見るのは目に悪いしね。スクリーンのライトは睡眠の質にも影響を与える可能性があるよ。

エ：ええ。紙の本を読むほうがより良いかもしれないね。

ロ：悪影響と言えば、ツトム、紙を使いすぎることは環境に悪いわ。

ジ：電子書籍やタブレットも多くの資源を使っていることも心に留めておくべきだよ、ローラ！

ツトム の2度目の発言 **Japanese students are reading more books recently.**（日本の学生は最近以前より多くの本を読んでいるんだ）から、**日本の学生の1か月の読書量についてのグラフである㋑**が正解となります。**speaking of ...（…と言えば）**や **keep O in mind / keep in mind O（Oを肝に銘じる、心に留める）**などの重要フレーズも音と意味を覚えておきましょう。

---

❷ 正解 ㋓

スクリプト Camila: I love this hand cream. Would you like to try it, Sophia?

Sophia: Well, Camila, it's a product from a

company conducting animal experiments, right?

C: Animal experiments? I've never thought about that.

S: Many chemical products are tested on animals before selling. Some makeup companies state that they don't test their products on animals, so I try to buy from those companies.

C: But those tests are necessary for safety.

Nick: In the case of makeup, they're not always necessary. Actually, animal experiments for makeup are banned in EU countries.

S: Yeah, Nick. But **many animal tests are still done for research in the UK**. Hey, Kento, are you for or against experiments on animals?

Kento: Uh, it's difficult to say, Sophia. For example, what about medicines? We can't test them on humans first.

C: Kento is right. I'm sorry for the animals, but some experiments are necessary for humans. I don't think we can ban all animal experiments.

N: Some alternative methods to animal experiments are emerging now.

K: That's good, Nick. I hope new technology will be developed so that innocent animals won't become victims.

訳 カミラ：このハンドクリーム大好きだわ。ソフィア、使ってみる？

ソフィア：うーん、カミラ、それは動物実験を行っている会社の製品よね？

カ：動物実験？そのことについて考えたことがなかったわ。

ソ：多くの化学製品が販売前に動物でテストされているのよ。化粧品会社の中には商品を動物でテストしないと表明しているところもあるから、そういう会社から買うようにしているの。

カ：でもそういうテストは安全性のために必要よね。

ニック：化粧品の場合は、動物実験が常に必要というわけではないよ。実際、化粧品の動物実験はEUの国々では禁止されているんだ。

ソ：そうね、ニック。でも、**イギリスではいまだに多くの動物実験が研究のために行われているわ。**ねえ、ケント、あなたは動物実験に賛成？反対？

ケント：うーん、難しいな、ソフィア。例えば、薬はどうだい？最初に人間でテストできないだろ。

カ：ケントの言う通りよ。動物には申し訳ないけど、人間にとって必要な実験もあるわ。全ての動物

実験を禁止できるとは思わないな。

ニ：今は動物実験に代わる手段もいくつか出てきているところだよ。

ケ：それはいいことだね、ニック。罪のない動物が犠牲にならないように新しい技術が開発されることを期待するよ。

テーマ

動 物 実 験（animal experiments［tests / testing］）について

選択肢の内容は以下の通りです。赤字部分はキーフレーズの例にあたります。

㋐ **Alternative Methods** to Animal Experiments（動物実験の代替案）、㋑ Should we **stop doing animal experiments** for makeup?（化粧品のために動物実験を行うことを止めるべきか？）、㋒ **Countries Which Ban or Limit Animal Tests** for Makeup（化粧品のための動物実験を禁止または制限している国々）、㋓ **Number** of Animal Experiments **in the UK**（イギリスでの動物実験数）重要なのは選択肢を読んで「要旨をつかむ」ことなので、上記と全く同じでなくてもOKです。

ソフィアの3度目の発言 many animal tests are still done for research in the UK（**イギリスではいまだに多くの動物実験が研究のために行われているわ**）から、**イギリスにおける動物実験数についての表**である㋓が正解となります。

Chapter 4 **33**講 演習 の問題 → 本冊P.83

イラストの並びかえ問題

❶ ㋓→㋐→㋒→㋑
❷ ㋓→㋑→㋒→㋐ テーマ Mother's

❶ 正解 ㋓→㋐→㋒→㋑

スクリプト One day when I visited my grandfather's house, he made dinner for me. ㋓**I ate a tomato in a salad and it was very tasty.** He said he had grown the tomatoes from the seeds himself. He gave me some tomato seeds. After that, ㋐**I started growing tomatoes** in the garden at home. The tomatoes seemed to be growing well. However, some months later ㋒I found **the leaves and stems eaten by insects**. Then ㋑I went to the library to **read books about how to grow vegetables**. A few months after that, the tomatoes bore fruit.

㋞ ある日、私がおじいちゃんの家を訪れたとき、彼は私に晩ご飯を作ってくれました。㋓サラダに入っていたトマトを食べたら、とてもおいしかったんです。おじいちゃんは、種から自分でトマトを育てたと言っていました。彼は私にいくつかトマトの種をくれました。その後、㋐私は家の庭でトマトを育て始めました。トマトはよく育っているようでした。しかし数か月後、㋒葉っぱや茎が虫に食べられているのを見つけました。そこで、㋑図書館に行って野菜の育てかたに関する本を読みました。その数か月後、トマトは実をつけたのです。

I ate a tomato in a salad and it was very tasty.（**サラダに入っていたトマトを食べたら、とてもおいしかったんです**）が㋓、次に I started growing **tomatoes** in the garden at home（**私は家の庭でトマトを育て始めました**）から㋐、I found **the leaves and stems eaten by insects**（**葉っぱや茎が虫に食べられているのを見つけました**）から㋒、そして最後に I went to the library to **read books about how to grow vegetables**（**図書館に行って野菜の育てかたに関する本を読みました**）から㋑が並びます。全て過去形で述べられているので、出てきた順番通りに並べれば正解となります。

2 [正解] ㋓→㋑→㋒→㋐

[スクリプト] Last Mother's Day, I decided to make dinner for my mother to show my appreciation. ㋓**I made curry and baked a cake for dessert** while she was out. ㋑**However, when I tried to bring the cake to the table, I dropped it!** I was very sad, but I put the curry on the table and waited for my mother. When she came home, she was surprised to see the curry on the table. ㋒**She ate it and said it was good.** After dinner, I told her about the cake. She said, "Don't be sad. Let's make a cake together next time." ㋐**The next day, I had fun making a cake with her.**

㋞ 去年の母の日に、私はお母さんに感謝を示すために晩ご飯を作ることにしました。㋓彼女が外出している間に、**カレーを作り、デザートにケーキを焼いたのです。**㋑**しかし、私がテーブルにケーキを持って行こうとしたとき、それを落としてしまいました！**とても悲しかったですが、テーブルにカレーを置いて、お母さんを待ちました。彼女が家に帰ってきたとき、テーブルの上のカレーを見て驚

いていました。㋒彼女はそれを食べ、おいしいと言ってくれました。夕食の後、彼女にケーキのことを伝えました。彼女は「悲しまないで。次は一緒にケーキを作りましょう」と言ってくれました。㋐その次の日、彼女と一緒にケーキを作って楽しい時間を過ごしました。

[テーマ]
母の日（Mother's Day）について

[MEMO] イラストの特徴の例
㋐ baked [made] a cake with her [my] mother（お母さんとケーキを焼いた）など、㋑ dropped a cake（ケーキを落とした）、sad など、㋒ ate curry and rice、enjoyed など、㋓ cooked alone など
1文ではなく、単語やフレーズでも OK です。イラストの並びかえ問題で動作を描写する場合は、過去形で準備しておきましょう。

I made curry and baked a cake for dessert（**カレーを作り、デザートにケーキを焼いたのです**）を表すのが㋓、次に However, when I tried to bring the cake to the table, I dropped it!（**しかし、私がテーブルにケーキを持って行こうとしたとき、それを落としてしまいました！**）を表すのが㋑、She [＝my mother] ate it [＝the curry] and said it was good.（**彼女はそれを食べ、おいしいと言ってくれました**）が㋒、そして最後に The next day, I had fun making a cake with her.（**その次の日、彼女と一緒にケーキを作って楽しい時間を過ごしました**）から㋐が並びます。聞く前にイラストから連想していた単語やフレーズがしっかり役に立ちましたね！なお、過去完了が用いられた場合は聞こえてきた順番と入れ替える必要が出てきますので、気をつけましょう。

▶ 音のポイント
dessert /dizə́ːrt/「ディザー（ト）」（デザート）のアクセントの位置を覚えておきましょう。間違えてしまうと、desert /dézərt/「デーザァ（ト）」（砂漠）と意味が変わってしまいます。

[アドバイス]
同音異義語がわからないんですが、どうやって聞き分けるの？

発音が同じで意味が違う語を同音異義語と呼ぶので、**音だけで聞き分けることはできません。**そのため、やはり**文脈や文法的な知識を使って理解する**

ことになります。例えば、ateとeightはともに「エィ(ト)」と発音される同音異義語ですが、ateは動詞ですし、eightは名詞か形容詞ですので、役割が大きく違います。**リスニングには英語の総合力が必要**であるということは、こういったところからもわかりますね。

Chapter 4 **34講** [演][習]の問題 ➡ 本冊P.85

数字の聞き取り問題

1 1[オ] 2[ア] 3[イ] 4[ウ]
2 1[イ] 2[オ] 3[エ] 4[ウ]
[テーマ] **ボランティア**
[問題を解く際に関係する条件] **Day〔曜日〕/ Schedule〔スケジュール〕**

1 [正解] 1[オ] 2[ア] 3[イ] 4[ウ]

[スクリプト] We are having a sale from today. The discount rate mainly depends on the regular prices of items. **Items that are $3 to $5 are discounted 10%. The discount rate for items that are more than $5 is 15%.** And **items that are less than $3 aren't discounted**. However, keep in mind that **cakes with a "NEW" mark are 5% off**. Those items are very popular now.

[訳] 今日からセールをします。割引率は主に商品の通常の値段によります。**3ドルから5ドルの商品は10%割り引かれます。5ドルより高い商品の割引率は15%です。**そして**3ドルより安い商品は、割引されません。**ですが、NEWの印が付いているケー**キは5%オフ**ということを覚えておいてください。それらの商品は今とても人気です。

1は3ドルより安いので、[オ]割引されません。2は3ドルから5ドルの商品なので10%割り引かれるはずですが、**「NEW」の印が付いているため**、[ア]5%となります。3は3ドルから5ドルの商品なので[イ]10%割り引かれます。4は5ドルより高い商品なので[ウ]15%割り引かれます。

▶ 音のポイント
areは弱く短く発音されますが、aren'tは否定形で重要な情報を含んでいるため、はっきりと発音されます。

2 [正解] 1[イ] 2[オ] 3[エ] 4[ウ]

[スクリプト] We need some volunteers for the festival. The number of volunteers we need depends on the day. **We need seven people to help with preparation the day before the festival starts.** It'll be crowded **on the weekend and the final day, so we should have 20 people. On the other days, 15 volunteers will do.** Oh, I forgot to mention that **we've already found five extra volunteers on Wednesday, so we need another 10 people for that day**.

[訳] お祭りのためにボランティアが何人か必要です。私たちが必要なボランティアの数は、日によります。**お祭りが始まる前の日は準備の手伝いのために7人が必要です。週末と最終日は**混み合うでしょうから、**20人必要です。他の日は15人のボランティアで事足りるでしょう。**ああ、言い忘れていたのだけど、**水曜日はすでに5人の追加のボランティアを見つけているから、その日はあと10人必要です。**

[テーマ]
お祭りに必要なボランティアの数について

[問題を解く際に関係する条件]
Day〔曜日〕、Schedule〔スケジュール〕

1(金曜日)は準備日なので、[イ]7人必要です。2(日曜日)は週末なので、[オ]20人必要です。3(火曜日)は[エ]15人必要です。4(水曜日)は、**すでに5人見つかっているため**、あと[ウ]10人必要です。

▶ 音のポイント
we've already found ...のような**現在完了のhaveは「ァヴ、ヴ」のように聞こえ、はっきりと「ハヴ」とは聞こえません。**alreadyのような**副詞などもヒントに現在完了であると判断**しましょう。

アドバイス

1つ1つの単語なら聞き取れるんだけど、文になると聞き取れません…

単語1つ1つをはっきり読み上げてくれるならわかりやすいですが、実際はそうはいきません。**子音と母音がつながって聞こえたり、はっきり聞こえない音があったり**します。また、全ての単語が同じように読まれるのではなく、**強く読まれる名詞など**

の内容語と、弱く読まれる前置詞などの機能語で文は構成されています。それによって、英語のリズムが出来上がっているのです。（これらのルールは『ここからはじめる』で説明しています。）**このようなルールを意識してディクテーションをしたり、聞いたり、音読してみたりすることで、英語の音に慣れる**努力をしましょう。中々すぐにできるようにならないので、途中で投げ出したくなるかもしれませんが、頑張って根気強く続けましょう。「あ、聞き取りやすくなってきた！」と感じる日が必ず来ますよ。

Chapter 4 **35**講 [演][習]の問題 ➡ 本冊P.87

数字の聞き取り・計算問題

1 1㋐ 2㋒ 3㋑ 4㋒
2 1㋓ 2㋔ 3㋔ 4㋒
[テーマ] 部屋
[問題を解く際に関係する条件] **Capacity〔人数〕/ Season〔時期〕**

1 [正解] 1㋐ 2㋒ 3㋑ 4㋒

[スクリプト] This is the list of our prices. Could you complete the list by filling in the prices? The prices depend on the length of hair. Our regular set includes shampooing and a cut. **The price is 60 dollars for short to shoulder-length hair and 70 dollars for long hair. The hair coloring fee is 20 dollars for short to shoulder-length hair** and 30 dollars for long hair. **It's 10 dollars for a treatment regardless of the length.**

[訳] これは私たちの料金のリストです。料金を埋めてリストを完成させてくれませんか？料金は髪の長さ次第です。私たちの通常のセットはシャンプーとカットを含んでいます。**ショートヘアから肩の長さまでは60ドルで、ロングヘアは70ドルです。カラー料金はショートヘアから肩の長さまでが20ドルで、ロングヘアは30ドルです。髪の長さに関係なく、トリートメントは10ドルです。**

1はショートヘアから肩の長さまでの通常のセットなので㋐60ドルです。ショートヘアから肩の長さまでの髪のセット＆カラーである2は、セット60ドル＋ヘアカラー20ドルなので、合計㋒80ドルとなります。3はロングヘアのセットなので㋑70ドルで、ロングヘアのセット＆トリートメントである4は、セット70ドル＋トリートメント10ドルなので、合計㋒80ドルです。

▶ 音のポイント

twenty、thirty…は**前にアクセントが置かれ**、fifty と sixty を除く **-ty は「ディ」に近い音**に聞こえます。thirteen、fourteen…は**後ろの teen の部分にアクセント**が置かれます。また、🇺🇸では、twenty は「トゥエニィ」のように聞こえます。

2 [正解] 1㋓ 2㋔ 3㋔ 4㋒

[スクリプト] I'll explain about our fee structure, so could you complete our room list by filling in the prices? The prices depend on the room size and season. **The price is $30 per hour for rooms with a capacity of up to 10 people, $50 for rooms for up to 15 people and $60 for more people. In the summer,** many people come to use our rental rooms, so **we charge 20% extra per hour.**

[訳] 私たちの料金体系について説明するので、料金を埋めて部屋のリストを完成させてくれませんか？料金は部屋の大きさと季節次第です。**料金は10人までの部屋だと1時間あたり30ドルで、15人までだと50ドルで、それ以上の人数だと60ドルです。夏は**多くの人々がレンタルルームを使用しに訪れるので、**1時間につき20%の追加料金を徴収します。**

[テーマ]
部屋の貸し出し料金について

[問題を解く際に関係する条件]
Capacity〔人数〕、Season〔時期〕

11～15人まで収容できるルームAの場合、1の通常料金は㋓50ドルで、2の**夏はその20%の追加料金が必要**となるため、㋔60ドルとなります。3は15人以上の部屋なので通常料金は㋔60ドルです。また、10人以下が定員のルームCは、通常料金が30ドルで、4の**夏はその20%の追加料金が必要**となるため、㋒36ドルです。

アドバイス

機能語が聞こえてこないんですが…

内容的に重要であるために強く読まれる内容語とは違って、文法的な役割を果たしている前置詞な

どの機能語は弱く読まれます。ですので、聞き取りづらいのはもっともなことだと思います。実は**1つの文を構成する単語全てが聞き取れないと問題が解けないかというと、そうではありません。**重要な情報を含んでいる内容語は強く読まれるので、基本的にはこの**内容語がしっかり聞き取れれば重要な情報は理解できます。**また、**機能語が重要な情報を含む場合ははっきり読まれるため、聞き取りやすくなります。**ですので、全ての単語を聞き取らないと…とプレッシャーを感じる必要はないですよ！

Chapter 4 **36**講 (演)(習)の問題 → 本冊 P.89

グラフの穴埋め問題

❶ 1 ⓘ 2 ⓐ 3 ⓤ 4 ⓔ
❷ 1 ⓘ 2 ⓔ 3 ⓤ 4 ⓐ
(テーマ) **女性管理職**
(最大値) **1〔52%程度〕**
(最小値) **4〔13%程度〕**
(倍数関係になっているもの) **2 / 3**

❶ (正解) 1 ⓘ 2 ⓐ 3 ⓤ 4 ⓔ
(スクリプト) We asked one hundred students in our school the question, "What do you mainly use your smartphone for?" They were asked to select one of five options: "communicating with friends", "enjoying videos or music", "searching for information", "studying" and "other". I'm a little disappointed that **"studying" was the least selected category**. About half the students chose **"enjoying videos or music"**. **The percentage of the students who selected "communicating with friends" is just half that percentage.** "Searching for information" was slightly more popular than "other".
(訳) 私たちの学校の100人の生徒に「スマートフォンを主に何のために使うか」という質問をしました。彼らは「友人と連絡をとる」、「動画や音楽を楽しむ」、「情報を探す」、「勉強する」そして「その他」の5つの選択肢から1つを選ぶように頼まれました。私は「勉強する」が最も選ばれていないカテゴリーだったことに少しがっかりしました。約半数の生徒が「動画や音楽を楽しむ」を選びました。「友人と

連絡をとる」を選んだ生徒の割合はちょうどその割合の半分でした。「情報を探す」は「その他」より少しだけ人気でした。
最も少ない4が **"studying" was the least selected category**（「勉強する」が最も選ばれていないカテゴリーだった）から、ⓔとなります。次いで、約半数の生徒が選んでいる1が **About half the students chose "enjoying videos or music".**（約半数の生徒が「動画や音楽を楽しむ」を選びました）よりⓘとなり、1のちょうど半分である2が **The percentage of the students who selected "communicating with friends" is just half that percentage〔・48%〕.**（「友人と連絡をとる」を選んだ生徒の割合はちょうどその割合の半分でした）からⓐ、そして other より少し多い3が **"Searching for information" was slightly more popular than "other".**（「情報を探す」は「その他」より少しだけ人気でした）よりⓤとなります。

▶ 音のポイント
グラフでは比較の表現や half（半分）や a quarter（4分の1）などの定番フレーズがよく用いられます。音声を繰り返し聞き、音に慣れておきましょう。

---

❷ (正解) 1 ⓘ 2 ⓔ 3 ⓤ 4 ⓐ
(スクリプト) You can see the percentage of women in management positions in 2020 in three Asian countries and one region: Japan, the Philippines, South Korea and Taiwan. **The percentage of the Philippines is by far the highest.** It can be said that the gender gap in the Philippines is much smaller than that of the other three. On the other hand, **the gap in Japan is the biggest of the four.** Taiwan is the second most gender-equal region. South Korea's rate of women in management roles is about half of that of Taiwan.
(訳) 日本、フィリピン、韓国、台湾の3つのアジアの国々と1つの地域における、2020年の管理職に女性が占める割合がわかります。フィリピンの割合はずば抜けて最も高いです。フィリピンの男女格差は他の3か所よりかなり小さいと言えます。他方で、日本の男女格差は4か所の中で最も大きいです。台湾は2番目に最も男女平等な地域です。韓国の管理職の女性の割合は台湾の約半分です。

(テーマ)

2020年における女性管理職の割合〔Percentage of Women in Management Positions in 2020〕

について

[最大値]
1(52%程度)

[最小値]
4(13%程度)

[倍数関係になっているもの]
2は3の2倍

最も女性管理職が多い国である1は**The percentage of the Philippines is by far the highest.(フィリピンの割合はずば抜けて最も高いです)**から㋑フィリピンだとわかります。また、続く**It can be said that the gender gap in the Philippines is much smaller than that of the other three.(フィリピンの男女格差は他の3か所よりかなり小さいと言えます)**から、**女性管理職が多い＝男女格差が小さいという言い換え**がされていることがわかります。そのため**男女格差が最も大きい＝女性管理職が最も少ない**となり、**the gap in Japan is the biggest of the four(日本の男女格差は4か所の中で最も大きいです)**から、4は㋐日本となります。また、**Taiwan is the second most gender-equal region.(台湾は2番目に最も男女平等な地域です)**から、女性管理職が2番目に多い2が㋓台湾となります。2の半分になっている3には、**South Korea's rate of women in management roles is about half of that of Taiwan.(韓国の管理職の女性の割合は台湾の約半分です)**から、㋒韓国が入ります。

▶ 音のポイント
西暦の読み上げはリスニングに登場することが多いので、ルールを覚えておきましょう。2桁ずつ読み上げる方法が一般的です。2020であればtwenty twenty「トゥエニィ トゥエニィ」、2015であれば、twenty fifteen「トゥエニィ フィフティーン」のように読み上げられます。

Chapter 4 **37講** [演][習]の問題 ➡本冊P.91

条件に合うものを選ぶ問題

1 ㋒ **2** ㋑

1 [正解] ㋒
以下赤字の○×△部分は [MEMO] の表の記入例にあたる部分です。
㋐ [スクリプト] Freddy's Diner is a restaurant loved by local people. **(B) The restaurant is large, so you can definitely reserve a table. (A) The view of the mountains is impressive. (C) It's popular among families with small children, so it may be a little noisy.**
[訳] フレディーズ・ダイナーは地元の人に愛されているレストランです。**(B)レストランは大きいので、確実にテーブルを予約できますよ。**(→○)**(A)山の景色が見事です。**(→○)**(C)子ども連れの家族の間で人気なので、少しうるさいかもしれません。**(→×)
㋑ [スクリプト] You should visit Taste Kitchen at least once. It has been featured on TV before, **(B) so it's full of guests every day**. If you're lucky, **(C) you can listen to some relaxing music performed by professional musicians.** You'll have a great time there.
[訳] 少なくとも一度はテイスト・キッチンを訪れるべきです。以前テレビで取り上げられたことがあるので、**(B)毎日お客さんでいっぱいです。**(→△)もしラッキーなら、**(C)プロのミュージシャンが演奏するリラックスできる音楽を聞けるかもしれません。**(→○)素晴らしい時間を過ごせますよ。
((A)は言及なし) (B)のように、**○や×が判断しづらいものが含まれる場合もあります。**その場合は△にしておき、4人全員の紹介を聞いた後で**○が3つ(または○が一番多い)ものを選びましょう。**
㋒ [スクリプト] I strongly recommend Sea Chef. As its name suggests, it faces the sea. **(A) You can enjoy** fresh seafood and **beautiful scenery. (C) You can definitely relax because you only hear the sound of the waves. (B) I wonder why I can always make reservations easily.**
[訳] シー・シェフを強くお勧めします。名前が示す通り、海に面しています。新鮮なシーフードと**(A)美しい景色を楽しむことができますよ。**(→○)(C)波

の音しか聞こえてこないので、間違いなくリラックスできます。（→○）(B)なぜいつも簡単に予約できるのか疑問に思うくらいです。（→○）

全ての条件が○になるため、これが正解となります。

(エ) スクリプト The Grand Bistro, a restaurant on the top of the hotel, (A)has the best view in the city. It offers the highest quality and (C)a comfortable atmosphere. (B)It's popular so you need to make a reservation at least one month in advance.

訳 ホテルの最上階のレストラン、ザ・グランド・ビストロは、(A)この都市で最も良い景色を誇ります。（→○）最高の品質と(C)快適な雰囲気を提供してくれます。（→○）(B)人気なので、少なくとも1か月前に予約する必要があります。（→×）

2 正解 (イ)

> MEMO 条件の英語の記入例
>
> (A) in less than two hours など、(B)released in the past three years　など、(C) fiction、not based on a true story、fantasy など

以下赤字の○×部分は MEMO の表の記入例にあたる部分です。

(ア) スクリプト I want to recommend (B)the best movie of all released last year. It's "My Life." (C)It's based on the life of a famous singer. It's not a very long movie, and you can learn everything about him (A)in 100 minutes.

訳 僕は(B)去年リリースされた全ての中で最もいい映画をお勧めしたいと思います。（→○）それは、「マイ・ライフ」です。(C)これはある有名な歌手の生涯に基づいています。（→×）あまり長い映画ではなく、彼に関するあらゆることを(A)100分以内で知ることができます。（→○）

(イ) スクリプト I know (C)a really exciting science fiction movie called "Planet X." I've watched the DVD so many times but (B)it was two years ago that I saw it in the theater. It's easy to watch because (A)it's only about 80 minutes in length.

訳 私は「プラネット・エックス」と呼ばれる(C)本当にわくわくするようなSF映画を知っています。（→○）そのDVDを何度も見たけど、(B)私が映画館で観たのは2年前でした。（→○）(A)わずか80分程度の長さなので、見やすいです。（→○）

全ての条件が○になるため、これが正解となります。

(ウ) スクリプト Have you ever seen "Over the Sky"?

(A)It's about an hour and a half long. I think everyone from children to adults can enjoy (C)the magical world in the movie. The CG graphics are so wonderful that I can't believe (B)it's a movie from ten years ago.

訳 「オーヴァー・ザ・スカイ」を見たことがありますか？(A)それは大体1時間半の長さです。（→○）(C)映画の中の魔法の世界を子どもから大人まで誰でも楽しめると思います。（→○）CGグラフィックがとても素晴らしいので、(B)10年前の映画だなんて信じられません。（→×）

(エ) スクリプト You should watch "Secret Hearts." (C)It tells about things that actually happened to a young woman in the 19th century. (A)It was three hours long but I didn't want it to finish! (B)It was screened a half year ago and the DVD was just released.

訳 「シークレット・ハーツ」を見るべきです。(C)その映画は19世紀のある若い女性に実際に起こった出来事について伝えてくれます。（→×）(A)3時間ありましたが、終わって欲しくなかったくらいです！（→×）(B)半年前に上映されて、DVDがリリースされたばかりです。（→○）

アドバイス

長い英語だと最初の内容を忘れちゃうんですが、どうしたらいいですか？

最初の部分を忘れてしまうくらい長い読み上げの場合は、その英語に対して複数の問いが出題されていることが多いです。ですので、**問いや選択肢などを最初に読んで準備をしておき、各問題の聞き取りのポイントに関係しているところを聞き取るつもりで挑めば取り組みやすいはず**です。また、問いが記載されていなくても、選択肢だけは載っていたり、場合によっては2回聞くチャンスがあったりします。選択肢だけ記載がある場合は、選択肢から聞き取りのポイントを見つけておいたり、英語が2回流れる場合は1回目の聞き取りで問いのポイントを書き写し（ディクテーションし）ておいて、2回目でそれに関係する部分を探りながら聞いたりすることで対処できます。やはり聞き始める前に準備をしておくことが重要なのです。また、**リスニングでは、ある程度内容を覚えておくことも求められます**。というのも、読解とは違って、リスニングでは前に出てきた内容をさかのぼって確認することができないからです。一度読んだ長文の音声など、長めの英語を聞く際には、「全体のテーマは○○で、今はその具体例を話している」のように、**内容を理解し覚える練習も加えてみましょう。**

予定表・時刻表問題

> **1** 1カ 2オ 3ウ 4ア
> **2** 1オ 2カ 3エ 4ア
> 聞き取りのポイント 科目名

1 正解 1カ 2オ 3ウ 4ア

スクリプト Attention passengers on Flight 321E bound for Paris. I'm afraid **the flight is cancelled.** Those who wish to take a later flight are requested to speak with an agent. **The next flight to Paris is leaving at 12:15 as scheduled.** The departure gate for Flight 263A to Vancouver has been changed to Gate 30. Flight 92D to New York has been delayed due to bad weather conditions. **The departure time will now be half an hour later.**

訳 パリ行き321E便にご搭乗のお客様にお知らせです。申し訳ございませんが、この便は欠航となりました。その後の便をご希望の方は、係員にお申し出ください。次のパリ行きは予定通り12:15に出発します。バンクーバー行き263A便の出発ゲートは30番ゲートに変更となりました。ニューヨーク行き92D便は、悪天候のため遅延しています。出発時刻は30分後となります。

冒頭の I'm afraid **the flight** [＝Flight 321E] **is cancelled.**（申し訳ございませんが、この便は欠航となりました）から2は**オ**が入ります。次いで、**The next flight to Paris is leaving at 12:15 as scheduled.**（次のパリ行きは予定通り12:15に出発します）から、4は**ア**が入ります。また、**The departure gate for Flight 263A to Vancouver has been changed to Gate 30.**（バンクーバー行き263A便の出発ゲートは30番ゲートに変更となりました）から、1に**カ**が入ります。最後に、ニューヨーク行き92D便については **The departure time will now be half an hour later.**（出発時刻は30分後となります）から、本来の**12:10**より30分遅くなったことがわかるため、3には**ウ**12:40が入ります。

▶ 音のポイント
ア12:15は twelve **fifteen**「フィフティーン」と後ろにアクセントが置かれ、**エ**の12:50は twelve **fifty**「フィフティ」と前にアクセントが置かれる

ことに注意しましょう。また、half an hour はつながって「ヘァファアンナワ」のように聞こえます。よく使われるフレーズですので、音を覚えておきましょう。

2 正解 1オ 2カ 3エ 4ア

スクリプト Good morning, class. We have some schedule changes this week. First, you usually have **math in the third period** today, but your math teacher is absent. **So, it'll be switched with the first period on Tuesday, physics.** And on Wednesday, the fourth class will be changed from history to biology. Oh, as you know, today is Cleaning Day. **We use the class time after Spanish class to clean our school.** Please get together in the gym.

訳 みなさん、おはようございます。今週はいくつか予定の変更があります。まず、今日は通常3限に数学がありますが、数学の先生はお休みです。そのため、火曜の1限の物理と入れ替えます。そして、水曜日は4限が歴史から生物に変更になります。ああ、みなさん知っての通り、今日は清掃日です。私たちはスペイン語の後の授業時間を学校清掃にあてます。体育館に集まってください。

> 聞き取りのポイント
> 時間割の変更に関する内容で、曜日、何限目か、**科目名**が聞き取りのポイントとなります。

you usually have **math in the third period** today（今日は通常3限に数学があります）と it'll[＝math will] be switched with the first period on Tuesday, physics（それを火曜の1限の物理と入れ替えます）から、月曜日の3限の数学と火曜日の1限の物理を入れ替えるため、1に**オ**物理、3に**エ**数学が入ります。また、**on Wednesday, the fourth class will be changed from history to biology**（水曜日は4限が歴史から生物に変更になります）から水曜の4限の4が**ア**生物になります。最後に We use the **class time after Spanish class to clean our school.**（私たちはスペイン語の後の授業時間を学校清掃にあてます）から、2は**カ**となります。

アドバイス

毎日英語を聞いているのに聞こえるようにならないんです…

この場合に考えられるのは、**単語力**（意味・発音の両方）・**文法力・読解力**が不足しているということです。繰り返しになりますが、**リスニングの力だけを**

高めるということは難しいため、その他の知識も増やしていかなければなりません。また、リスニングが苦手な場合、聞こえてくる音を1つのカタマリのようにとらえてしまって、1つ1つの単語を認識できていないことも考えられます。**単語や文法の学習と並行して日々のディクテーションを続け、どのようなときに音と音がつながったり、音が聞こえなくなったりするのかなどの音に関する知識をつけていきましょう。**最近では、文法の問題集や単語帳に音声がついているものもたくさんありますので、**全ての勉強とリスニングを結び付けていくと、一石二鳥ですよ！**

Chapter 4 **39講** [演][習]の問題 ➡ 本冊P.95

ワークシートの穴埋め問題

[1] 1[ウ] 2[ア] 3[オ] 4[カ]
[2] 1[ウ] 2[ア] 3[オ] 4[エ] [テーマ] lies
[1・2に入る選択肢] [ア][イ][ウ]
[3・4に入る選択肢] [エ][オ][カ]

[1] [正解] 1[ウ] 2[ア] 3[オ] 4[カ]

[スクリプト] The Netherlands is a small country. Its size and population are similar to those of Kyushu island. However, the Netherlands is the second largest exporter of agricultural products in the world. One of the reasons is that (1) **agriculture in the Netherlands is automatically controlled at a high level by AI.** (2) **In Japan, much of the work is done by hand.** Should Japan, also a country with a small area like the Netherlands, imitate this agricultural style completely? Maybe not. (4) **That's because agricultural workers in Japan are aging.** While (3) **the percentage of farmers over 65 is about 20% in the Netherlands,** it's about 70% in Japan.

[訳] オランダは小さな国です。そのサイズや人口は九州と似ています。しかし、オランダは世界第2位の農産物の輸出国です。その理由の1つは、(1)**オランダの農業は、AIによって高いレベルで自動的に制御されている**ということです。(2)**日本では、作業の多くが手で行われています。**オランダのように土地の小さい国である日本もまた、この農業スタイルを完全にまねるべきでしょうか？おそらくそうではありません。(4)**それは、日本の農業従事者は高齢化しているからです。**(3)**オランダの65歳以上の農業従事者の割合は約20%である**一方で、日本では約70%です。

まずは農業のスタイルについて述べられていました。**agriculture in the Netherlands is automatically controlled at a high level by AI（オランダの農業は、AIによって高いレベルで自動的に制御されている）**から、1は[ウ]が入ります。次いで、**In Japan, much of the work is done by hand.（日本では、作業の多くが手で行われています）**から、2には[ア]が入ります。また、農業従事者については、まず日本について述べられており、**That's because agricultural workers in Japan are aging.（それは、日本の農業従事者は高齢化しているからです）**から、4には[カ]が入ります。そして最後に、**the percentage of farmers over 65 is about 20% in the Netherlands（オランダの65歳以上の農業従事者の割合は約20%である）**から、3には[オ]が入ります。

[2] [正解] 1[ウ] 2[ア] 3[オ] 4[エ]

[スクリプト] Why do we lie? We sometimes lie to benefit at the expense of others. Such lies for self-interest are called "black lies." However, there are lies which aren't for self-interest: "white lies" and "blue lies."

(1) **White lies are used so as not to hurt others.** For instance, we'll say to our friends, "Your new hairstyle looks great!" even if it doesn't. (3) **These lies are generally considered innocent** and people may lie with willingness. On the other hand, (2) **we use blue lies for a group we belong to.** For example, we sometimes lie to cover up mistakes in a game, hoping to help our team. When we tell blue lies, we often feel they're good because they benefit all of our group. However, (4) **we know they're actually against the rules.**

[訳] なぜ私たちは嘘をつくのでしょうか？私たちは時に他人を犠牲にして利益を得るために嘘をつきます。このような私利私欲のための嘘は「ブラック・ライ（黒い嘘）」と呼ばれています。しかし、私利私欲のためではない嘘もあります。それは「ホワイト・ライ（白い嘘・罪のない嘘）」と「ブルー・ライ（青い嘘）」です。

(1)**白い嘘は他人を傷つけないために使われます。**例えば、例え似合っていないとしても、「新しい髪型似合ってるね！」と友人に言うでしょう。(3)**このような嘘はたいてい無害なものだと考えられてお**

り、人々は積極的に嘘をつくかもしれません。その一方で、⑵**青い嘘は自分の所属する集団のために使われます**。例えば、試合でのミスを隠すために、チームの助けになることを願って嘘をつくことがあります。私たちが青い嘘をつくとき、グループの皆の利益になるので、良いことだと感じます。しかし、⑷**それは実際には規則に反していると私たちはわかっているのです**。

[テーマ]
嘘(lies、telling lies)について

[選択肢]
[訳] ㋐ 自分のグループの ㋑ 自分自身の ㋒ 他の人の ㋓ 悪い ㋔ 無害な ㋕ 利己的な
1・2の「○○の利益」にあてはまる言葉は㋐・㋑・㋒、「一般的な考え」を表す3・4には㋓・㋔・㋕が入る可能性が高いと考えられます。

まず白い嘘について述べられています。白い嘘がつかれる理由については、**so as not to do(…しないために)**を用いて**White lies are used so as not to hurt others.(白い嘘は他人を傷つけないために使われます)**と説明されています。1にはこれをsomeone else's benefit(他人の利益のため)と**言い換えた㋒**が入ります。そして、3のgeneral belief(一般的な考え)には**These lies**[＝white lies] **are generally considered innocent(このような嘘はたいてい無害なものだと考えられている)**から、㋔が入ります。generalの副詞であるgenerallyが用いられていることから、該当箇所がわかりやすかったのではないでしょうか。そして、On the other hand(他方で)から話題が切り替わります。青い嘘の理由は**we use blue lies for a group we belong to(青い嘘は自分の所属する集団のために使われます)**から、㋐が入ります。最後に、general beliefについては、**we know they're actually against the rules(それは実際には規則に反していると私たちはわかっているのです)**から、㋓が入ります。**1**のようにAについて、Bについて、と交互に話しを進めていくパターンと、**2**のようにAについて全て話してしまった後で、Bについて話すというパターンがあります。On the other handやwhile S' V' ...、whereas S' V' ...、in contrastのような対比を表すフレーズは話題が切り替わる印になりますので、注意して聞きましょう。

Chapter 4 **40講** [演][習]の問題 ➡本冊P.97

長めの講義の内容一致問題

1 ㋒
2 ㋑ [否定・肯定]㋐＋ ㋑＋ ㋒－ ㋓－
[テーマ] **屋外〔自然〕**

1 [正解]㋒

[スクリプト] Today, with the development of technology, many workers fear that their jobs are at risk. A study in 2013 showed that about half of jobs in the U.S. will eventually be taken by robots or AI. Are robots and AI really stealing jobs? William Rodgers of Rutgers University found that job opportunities and wages in manufacturing decreased as use of robots increased. **However, at the same time, job opportunities for industries other than manufacturing increased.** It can be said that the increase of robots in the workplace has not had a large impact on total employment.

In reality, robots don't replace all jobs done by humans. They just cover some tasks within jobs and make the jobs more productive. In addition, the development of technology can create new jobs that have never existed before. It will be a long time before all jobs are taken over by technology.

[訳] 今日、テクノロジーの発達に伴い、多くの労働者が自分の仕事が危険にさらされることを恐れています。2013年の調査はアメリカ国内の仕事の約半分は、いずれロボットやAIに奪われることを示しました。ロボットやAIは本当に仕事を奪うのでしょうか？ラトガーズ大学のウィリアム・ロジャース氏は、ロボットの使用が増えるにつれて、製造業の雇用機会や賃金が減少することを発見しました。**しかし、同時に製造業以外の産業の雇用機会は増えているのです。**職場でロボットが増えても、雇用全体に大きな影響を及ぼしていないと言えます。

現実には、ロボットは人間が行う全ての仕事を代替するわけではありません。ロボットは仕事の中の一部の作業だけをカバーし、仕事の生産性を高めてくれます。さらに、技術の発展により、これまでなかったような新しい仕事が生まれることもありえます。全ての仕事がテクノロジーに取って

代わられるには、まだ時間がかかるでしょう。

問　文章によると、正しいのはどれか？

㋐ 製造業はロボットによって影響を受けていない。

㋑ アメリカの多くの労働者がロボットと働くことを恐れている。

㋒ ロボットのおかげで労働需要が高まった分野がある。

㋓ ウィリアム・ロジャーはロボットのせいで賃金が減った。

howeverなどの逆接を表すフレーズの後ろには重要なことが続きやすいので、聞く際の目印にしましょう。However, at the same time, job opportunities for industries other than manufacturing increased.（しかし、同時に製造業以外の産業の雇用機会は増えているのです）の job opportunities ... increased を The demand for labor has increased ... と言い換えた㋒が正解です。内容一致問題の各選択肢に含まれる単語やフレーズは、読み上げられた英語内に登場することが多いので、聞き取れた音だけに頼って、音のひっかけ選択肢を選ばないように注意しましょう。

▶ 音のポイント

2013（twenty thirteen）などの西暦は苦手とする人が多いので、チャンスがあれば意識的に聞き取るようにしましょう。また、use は名詞の場合は /júːz/「ユーズ」ではなく /júːs/「ユース」と発音が変わることにも注意です。

---

2 正解 ㋑

スクリプト It's said that today's children spend hours in front of a screen, whereas they play outside for about ten minutes on average. How does spending time in nature help children? One of the benefits is that being in nature makes children physically healthier. Playing outside helps to prevent children from being overweight and strengthens bones and muscles. Playing in the sun builds vitamin D in the body, which many children lack today. It strengthens bones and prevents some diseases.

Playing outside also helps children learn. A study shows that students at schools with more trees performed better on tests. Concentration is important for learning, but it's difficult for many children to pay attention for a long time in the classroom. **Spending time in nature can help improve their concentration. Even looking at trees through the window is effective.** Moreover, outdoor activities make children more focused. In one study, children were more focused on learning not only during outdoor classes but also after returning to their classroom.

訳 今日の子どもは画面の前で何時間も過ごしている一方で、平均して10分程度外で遊んでいると言われています。自然の中で時間を過ごすことは、どのように子どもの役に立つのでしょうか？その利点の1つは、自然の中にいることは子どもを身体的により健康にするということです。外で遊ぶことは、子どもが太りすぎることを予防し、骨や筋肉を強くする手助けをします。日光の中で遊ぶことで、ビタミンDが体内で作られます。このビタミンDは、今日の多くの子どもに不足しているのです。それは骨を強くし、一部の病気も予防してくれます。

　外で遊ぶことは、子どもが学ぶことの役にも立ちます。ある研究によると、より多くの木がある学校の生徒はテストでより良い成績をとったということです。集中することは学習にとって重要ですが、多くの子どもにとって、教室で長い間注意を払うことは難しいものです。**自然の中で時間を過ごすことが、子どもの集中力を向上させることに役立ちます。窓から木を見ることですら効果的なのです。**さらに、屋外での活動は子どもの集中力を高めます。ある研究によると、子どもは屋外での授業中だけでなく教室に戻った後も、より集中して学習していたそうです。

問　文章によると、正しいのはどれか？

テーマ

子ども＋屋外〔自然〕＋学習について

訳 とキーフレーズの例

㋐ 子どもは室内よりも屋外で学習することに興味を持っている。

→＋ / **more interested in learning outdoors**

㋑ 自然の景色を見ることが子どもに学問的な利益をもたらす。

→＋ / **a view of nature、academic benefits**

㋒ 屋外での活動は子どもの集中力に全く影響を与えないだろう。

→－ / **Outdoor activities won't affect children's concentration at all**

㋓ 自然の中で長時間過ごすことが嫌いな子どももいる。

→－ / **hate spending a long time in nature**

重要なのは選択肢を読んで「要旨をつかむ」ことなので、上記と全く同じでなくても OK です。

㋑と㋒は「外」が子どもに与える影響について対の関係性になっているので、㋑と㋒のいずれかが正解

になる可能性が高いと予想できます。
講義の終盤で、**Spending time in nature can help improve their concentration. Even looking at trees through the window is effective.（自然の中で時間を過ごすことが、子どもの集中力を向上させることに役立ちます。窓から木を見ることですら効果的なのです）**と、**自然が子どもの集中力を高める**ことが述べられています。この、**looking at trees through the window** を **Having a view of nature**、また **improve their** [＝children's] **concentration** を **have academic benefits for children と言い換えた**[イ]が正解です。リスニングの選択肢の場合も、only、never、all、not at allなどの強い言い回しを用いた選択肢は、ひっかけ選択肢であることが多いので注意しましょう。

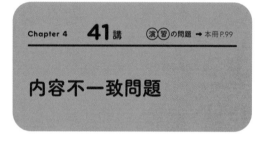

Chapter 4 **41講** [演][習]の問題 ➡ 本冊P.99

内容不一致問題

[1] [エ]
[2] ①[エ] [テーマ] iGens
②[ア] [テーマ] 幸せ

[1] [正解] [エ]

[スクリプト] As can be seen with "therapy dogs", [ア]**interacting with dogs can make people feel relaxed and comfortable**. Not only that, dogs may help you work as a team. Stephen M. Colarelli at Central Michigan University had small groups do tasks that required creativity and teamwork. The groups did the tasks with or without a dog. As a result, [イ]**participants in groups with a dog showed better team spirit** and said [ウ]**they trusted each other more** than those without dogs. Although it didn't seem that dogs influenced performance on the tasks in this experiment, Colarelli thinks this effect from dogs will benefit performance if groups work together for a longer time.

[訳]「セラピードッグ」に見られるように、[ア]**犬と交流することは人々をリラックスさせ、心地良くさせます。**それだけでなく、犬はチームとして働くのに役立つかもしれないのです。セントラルミシガン大学のスティーブン・M・コラレッリ氏は、少人数のグループに創造力とチームワークを必要とする作業をさせました。グループは犬がいる状態、いない状態で課題を行いました。結果として、[イ]**犬がいるグループの参加者は**犬がいないグループより**強い団結力を示し**、[ウ]**お互いを信用している**と言いました。この実験の中では、犬が課題のパフォーマンスに影響を与えたように思えませんでしたが、コラレッリ氏はグループがより長い間一緒に働く場合には、犬によるこの効果はパフォーマンスにいい影響を与えるだろうと思っています。

問　犬が人々がする役に立てることとして言及されていないのはどれか？
[ア] 快適に感じさせる
[イ] チームワークを向上させる
[ウ] 他者を信頼させる
[エ] 素早く働かせる

[ア] **Feel comfortable** は読み上げられた英文では **feel relaxed and comfortable** とほぼ同じように言われています。[イ] **Improve their teamwork** は participants ... showed **better team spirit** を、[ウ] **Trust others** は **trusted each other** を**言い換えています**。そのため、正解は[エ]です。

[2]
① [正解] [エ]

[スクリプト] Jean Twenge, a psychologist at San Diego State University, named the generation born between 1995 and 2012 "iGens." This is because the generation uses iPhones more than any other age group. What characteristics make iGens unique? How are iGens different from other generations before them? First, iGens, the generation that grew up with smartphones, [ア]**have poorer emotional health** due to new media. New media makes them more anxious and depressed. It affects their sleep. Moreover, [イ]**iGens are more dependent on parents** than previous generations. They tend to live at home for longer and can't be independent. Although iGens seem to have bad traits, they also actually have very good ones: [ウ]**they show more care for others**. Compared with previous generations, [ウ]**they tend to accept different values**.

[訳] サンディエゴ州立大学の心理学者であるジーン・トゥウェンジ氏は、1995年から2012年に生まれた世代を"iGens"と名付けました。それは、この世代は他のどの年齢層よりもiPhoneを使っているからです。どのような特徴がiGensをユニークにしているのでしょうか？彼らの前の世代とiGensはどのように異なっているのでしょうか？まず、ス

マートフォンで育った世代であるiGensは、新しいメディアが原因で、㋐**心が弱くなっています**。新しいメディアは、彼らをより不安にさせ、憂鬱にさせています。それは睡眠にも影響を与えています。さらに、iGensは前の世代よりも㋑**親への依存度が高い**のです。実家暮らしが長くなる傾向があり、自立できていません。iGensには悪い特徴があるように思えますが、実はとても良い特徴も持っているのです。それは、iGensは㋒**他者への配慮をより示す**ということです。以前の世代と比べると、㋒**異なる価値観を受け入れる**傾向があるのです。

問　iGensの特徴として言及されていないのはどれか？

㋐ 感情的問題　　　　　㋑ 低い自立性
㋒ 他者への敬意　　　　㋓ 専門技術

テーマ

iGens の特徴について

MEMO 選択肢の言い換えの例
㋐ **emotional disorder** など、㋑ **dependence [dependent] on their families** など、㋒ **think highly of others、high regards for others** など、㋓ **specialized skills** など
単語だけでもOK。「どのような単語（フレーズ）が聞こえてくる可能性があるか」を考えておくことが重要です。

poorer emotional health を　㋐ **Emotional problems**、**more dependent on parents**（より親に依存している）を㋑ **Less independence**（低い自立性）のように**言い換え**、また **show more care for others** や **accept different values** を㋒ **Respect for others** とまとめています。そのため、正解は㋓です。

② **正解** ㋐

スクリプト A study in the UK showed that people who had volunteered rated their overall health better than people who hadn't volunteered. They seemed to be more satisfied with their lives. Why does volunteering make people happy and healthy? First, ㋒**people experience a sense of joy and satisfaction when they help others**. This experience is called a "warm glow." Second, ㋓**volunteering connects people to others**. In particular, for older people, volunteering is a good way to stay connected to others after retirement. Finally, ㋑**people can gain professional skills** and acquire leadership through volunteer activities. Thus, a recent study found that people aged 16 to 24 and 55 to 74 were especially likely to benefit by volunteering.

訳 イギリスにおける研究によると、ボランティアをしたことがある人々は、ボランティアをしたことがない人々よりも、自身の全体的な健康をより良く評価したということです。彼らは自分の人生により満足しているようです。なぜボランティアをすることは、人々を幸福にそして健康にするのでしょうか？まず、㋒**人々は他者を助けるときに、喜びや満足感を経験します**。この経験は「ウォームグロー（温かい気持ち）」と呼ばれています。次に、㋓**ボランティアは人々を他者と結びつけます**。特に、年長者にとって、ボランティアをすることは退職した後に他者とのつながりを保つための良い方法なのです。最後に、ボランティア活動を通じて、㋑**人々は専門的なスキルを獲得し、リーダーシップを身につけることができます**。したがって、最近の研究では16歳から24歳、55歳から74歳の人々が、ボランティア活動によって恩恵を受ける可能性が特に高いことがわかっています。

問　ボランティアをすることに関して、人々を幸せにするものとして言及されていないことはどれか？

㋐ 適度な運動　　　　　㋑ 新しい技術
㋒ 良い行いがもたらす喜び　㋓ 社会的結びつき

テーマ

ボランティアの何が人々を幸せにするのかについて

MEMO 選択肢の言い換えの例
㋐ **exercise properly、proper exercise** など、㋑ **acquire [gain] new techniques** など、㋒ **joy by doing good things** など、㋓ **a social relationship** など
単語だけでも OK。「どのような単語（フレーズ）が聞こえてくる可能性があるか」を考えておくことが重要です。

a sense of joy and satisfaction when they help others（人々は他者を助けるときに、喜びや満足感を経験します）を㋒ **Pleasure from doing good deeds**（良い行いがもたらす喜び）、**volunteering connects people to others**（ボランティアは人々を他者と結びつける）を㋓ **Social ties**（社会的結びつき）、**professional skills** を㋑ **New skills** のように**言い換え**てあります。そのため、正解は㋐です。また、何かを列挙する際に用いる、first、second [then]、finally … や、原因から結果への流れを表す thus（それゆえ、したがって）などに注意して聞くと、話の流れがつかみやすくなります。

ワークシート＋内容一致問題

1 問1 ㊤
  問2 2 ㋑ 3 ㋐ 4 ㋑ 5 ㋒
  問3 ㋑

---

1 問1 **正解** ㊤

スクリプト What happened when speakers of different languages met? How did they communicate with each other when there was no common language between the groups? The results depend on the situation. The most common one is the exchange of words. English borrowed a huge number of words from other languages. If the influence goes deeper, languages adopt other language features, such as grammar. **Language contact can also lead to the development of new languages. Pidgins and creoles are well-known examples.**

訳 異なる言語を話す人々が出会ったとき、何が起こったのでしょうか？グループ間に共通言語がない場合、彼らはどのようにコミュニケーションをとったのでしょうか？その結果は状況によって異なります。最も一般的なものは、単語の交換です。英語は他の言語から膨大な数の単語を借用しています。影響がより深くなれば、言語は文法など他の言語の特徴を取り入れます。**言語接触が新たな言語の発達につながることもあります。ピジンやクレオールはよく知られた例です。**

㋐ …の単語の数における減少
㋑ …の影響の増大
㋒ …から語彙を借用すること
㊤ …の形成

問題文にも含まれる **Language contact** や **lead to** を聞き逃さないようにしましょう。空欄1を含む文は、(言語接触が新たな言語□□□につながる)という意味なので、読み上げの Language contact can also lead to に続く **the development of new languages**(新たな言語の発達)を **the formation of ...**(…の形成)と言い換えている ㊤ が正解です。

問2 **正解** 2 ㋑ 3 ㋐ 4 ㋑ 5 ㋒

スクリプト **Pidgin** is a simplified means of communication. Typically, it is made up of two or more languages, and **(2)(4)its vocabulary and grammar are restricted**. It is most commonly employed in situations such as trade, or where both groups don't share a common language. A pidgin is not considered as a complete language, nor the native language of any speech community. However, sometimes it is learned as a second language. Another example of a compound language, a **creole**, is also a kind of language that develops from mixing two or more languages. While a pidgin often develops into a creole, there are some features which distinguish a creole language from a pidgin. Like any language, **(3)creoles have large vocabularies and (5) a stable system of grammar**. They are also acquired by children as their mother tongue.

訳 **ピジン**は、簡略化されたコミュニケーション手段です。通常、2つ以上の言語から構成され、(2)(4)**語彙や文法は限られています**。ピジンは、貿易や両グループが共通の言語を持たないような状況で最もよく使われています。ピジンは完全な言語だとは考えられておらず、またどの言語コミュニティの母国語ともみなされません。しかし、第二言語として習得されることはあります。複合言語のもう1つの例である**クレオール**も、2つ以上の言語が混ざり合って発達した言語の一種です。ピジンがクレオールに発展することはよくありますが、クレオール言語とピジンを区別するいくつかの特徴があります。他の言語と同様、(3)**クレオールも豊富な語彙と**(5)**安定した文法体系を備えています。**また、子どもたちが母語として習得することもあるのです。

前半は pidgin について、後半は creole について述べられています。2、4については、its [＝pidgin's] **vocabulary and grammar are restricted** の **restricted** が選択肢では ㋑ **limited** と言い換えられています。また、3は **large vocabularies** から ㋐、5は **a stable system of grammar** から ㋒ が入ります。

問3 **正解** ㋑

スクリプト Today English is thought to be the world language. Under such circumstances, people don't use mixed language but start to use English. As a result, many local tongues are endangered because of English. When one language is lost, the culture of its speakers is also lost. A loss of global languages means a loss of the variety of thoughts and traditions. **In order to stop this situation, various groups are**

taking action. They say that communities need encouragement to hear, read and speak their local language in various places.

㊙ 今日、英語は世界共通語であると考えられています。このような状況下では、人々は混合言語を使わず、英語を使うようになります。その結果、英語のせいで多くの地域の言語が絶滅の危機に瀕しています。ある言語が失われると、その言語を話す人々の文化も失われるのです。世界の言語が失われることは、多様な思想や伝統が失われることを意味します。このような状況を食い止めるために、さまざまな団体が行動を起こしています。彼らが言うには、地域社会は様々な場所で地元の言葉を聞いたり、読んだり、話したりすることを奨励する必要があるということです。

㋐ 人々が言語の違いを最小化することを奨励する団体もある。

㋑ ある地域で使われる言語が地球上から消えてしまうのを食い止めようとしている人たちもいる。

㋒ 数年後には英語の一部のバリエーションが絶滅の危機にさらされていると言う人もいる。

㋓ 地域の伝統についてもっと調べようとする話者もいる。

各選択肢に含まれる単語やフレーズは、英語内に登場していることが多いので、聞こえてきた単語やフレーズだけに反応して音のひっかけ選択肢を選ばないように注意しましょう。In order to stop this situation, various groups are taking action.（このような状況を食い止めるために、さまざまな団体が行動を起こしています）を Some people are trying to stop local tongues from disappearing from the earth.（ある地域で使われる言語が地球上から消えてしまうのを食い止めようとしている人たちもいる）と具体的に説明した㋑が正解です。この問1〜3のような形式では1つの長い文章内からバラバラに問題が出されているというよりも、話の順番通りに問題が作られていることが多いため、途中で聞き逃したところがあってもそこから仕切り直して聞き始めるようにしましょう。最後まであきらめないことが大事です！

高山の
ここからつなげる
英語リスニング
ドリル

修了判定模試
解答と解説

1 問1 (1)エ (2)ウ (3)エ
問2 (1)ア (2)ウ (3)エ
問3 (1)ア (2)イ
2 問1 (1)ウ (2)ア (3)エ (4)ア (5)ア
(6)エ (7)エ (8)イ
問2 (1)ウ (2)ウ (3)エ (4)イ
3 問1 (1)ウ (2)ア
問2 (1)ウ (2)イ
4 A:イ B:エ C:オ D:ア
5 ウ→ア→エ→イ
6 A:エ B:イ C:ア D:ウ
7 問1 A:オ B:エ C:ア D:イ
問2 イ

1
問1
(1) 正解 エ
(→02講)(2点)
スクリプト Can you let me know what time the movie starts?
訳 何時に映画が始まるか私に教えてくれない？
ア 話し手は映画の(上映)時間の長さをたずねている。
イ 話し手は映画の正確な時間を知っている。
ウ 話し手は映画をキャンセルしたい。
エ 話し手は映画が何時に始まるかを知りたがっている。
Can you let me know ...（…を私に知らせて、教えて）という読み上げ文の内容をThe speakerを主語にして言い換えると、「話し手は…を知りたがっている」とできるため、エが正解です。

(2) 正解 ウ
(→03講)(2点)
スクリプト John couldn't reach the airport in time for his flight because of the heavy traffic.
訳 ジョンは渋滞のせいで飛行機に間に合う時間

に空港に到着できなかった。
ア ジョンは予定されていた時間の前に空港に着いた。
イ ジョンは渋滞にもかかわらず飛行機に乗れた。
ウ ジョンは渋滞のせいで飛行機に乗れなかった。
エ ジョンは悪天候のために飛行機に乗れなかった。
couldn't reach the airport in time for his flight（飛行機に間に合う時間に空港に到着できなかった）をdidn't catch his flightとまとめたウが正解です。また、because of the heavy trafficがdue to the traffic jamと言い換えられています。

(3) 正解 エ
(→01講)(2点)
スクリプト The teacher gave the students a break before starting the next lesson.
訳 先生は次の授業が始まる前に生徒たちに休憩を与えた。
ア 生徒たちは次の授業の前に休憩を求めた。
イ 生徒たちは次の授業の後に休憩をした。
ウ 生徒たちは休憩なしに勉強し続けた。
エ 生徒たちは授業の間に休憩をとることが許された。
読み上げられた文The teacher gave the students a break（先生は生徒たちに休憩を与えた）の主語を変更してThe students were allowed to have a break（生徒たちは休憩を与えられた＝とることが許された）と言い換えたエが正解です。また、before starting the next lesson（次の授業が始まる前に）もbetween lessons（授業の間に）と言い換えられています。

問2
(1) 正解 ア
(→04講)(2点)
スクリプト The woman is having her son carry the boxes.
訳 女性は息子に箱を運ばせています。
主語が女性であることに注意しましょう。have O do（Oに…させる）を聞き取り、息子に箱を運ばせているアを選びます。

(2) [正解] ㋒

(➡06講)(2 点)

[スクリプト] The bookstore is located next to the coffee shop.

[訳] 本屋は喫茶店の隣にある。

next to ...(**…の隣**)を聞き取り、㋒を選びましょう。

(3) [正解] ㋓

(➡05講)(2 点)

[スクリプト] It started raining when I left the store for the station.

[訳] 店を出て駅に向かうと、雨が降り出した。

雨が降っているか否か、駅から店に向かっているのか店から駅に向かっているのかの 2 要素の掛け合わせになっています。**leave O for ...**(**O を出て…に向かう**)を聞き取りましょう。

問 3

(1) [正解] ㋐

(➡07講)(2 点)

[スクリプト] Would you mind opening the window?

[訳] 窓を開けてくださいませんか？

㋐ かまいませんよ。

㋑ その窓は広いです。

㋒ 部屋をより涼しく保つためです。

㋓ はい、あなたはできますよ。

Would you mind doing ...?(**…してくださいませんか**)は**依頼を表す重要フレーズ**なので、音と意味を覚えておきましょう。㋐No, not at all. は(まったく気にしない＝かまわない)を意味します。なお、**Would you mind me doing ...?**は(**(私が)…してもいいですか?**)と**許可を求めるフレーズ**です。

(2) [正解] ㋑ (➡07講)(2 点)

[スクリプト] What did you buy a new dress for?

[訳] 何のために新しいドレスを買ったの？

㋐ デパートで。

㋑ それをパーティーで着たいんです。

㋒ そのドレスは私には小さすぎました。

㋓ それをより安く買うためです。

What ... for?は(**何のために…？**)と**目的をたずねる重要フレーズ**です。

[2]

問 1

(1) [正解] ㋐ (➡08講) (2 点)

[スクリプト] M：I have to make the rest of the documents.

W：Haven't you already finished it?

M：I was going to finish last night. However, **my cat jumped on my computer and turned it off!** I hadn't saved all of the documents. I love him but I'm sick of him doing it.

W：That's too bad.

[訳] 男性：資料の残りを作らなきゃならないんだ。

女性：もう終わったんじゃないの？

男：昨日の夜、終わらせるつもりだったんだ。でも、**猫が僕のパソコンに飛び乗って電源を切っちゃったんだよ！**資料を全部は保存していなかったんだ。彼のことは大好きだけど、彼がそれをするのにはうんざりしてるんだ。

女：それはお気の毒にね。

問　男性に何が起こったのか？

㋐ 彼は仕事中に邪魔をされた。

㋑ 彼はパソコンを使うことができなかった。

㋒ 彼の猫は病気になった。

㋓ 彼の猫が書類を破いた。

過去の出来事を聞き取る問題です。男性の 2 度目の発言の **my cat jumped on my computer and turned it off**(**猫が僕のパソコンに飛び乗って電源を切っちゃったんだよ**)を **He was disturbed while working.**(**彼は仕事中に邪魔をされた**)とまとめた㋐が正解です。なお、**I'm sick of ...**は(**…にうんざりしている**)という重要フレーズです。

(2) [正解] ㋐ (➡10講) (2 点)

[スクリプト] W：Are you in the bathroom? Please come and help me.

M：What's up? I've just finished cleaning the bathroom, so I was about to work on the kitchen.

W：I want you to clean the shelves because I can't reach the top. Oh, and please open the window before cleaning.

M：OK. Then I'll do the shelves. **Can you do the kitchen, instead?**

W：**All right.**

[訳] 女性：お風呂場にいるの？こっちに来て私を手伝って。

男性：どうしたの？ちょうどお風呂の掃除が終わったから、キッチンに取り掛かろうとしていたところだよ。

女：上に手が届かないから、あなたに棚の掃除をしてもらいたいの。あ、掃除する前に窓を開けてね。

男：わかった。じゃあ僕が棚を掃除するよ。**代わりにキッチンを掃除してくれる？**

女：**いいよ。**

問　この会話の後、女性は最初に何をしそうか？

㋐ キッチンを掃除する

㋑ お風呂場に行く

㋒ 棚の掃除を手伝う

㋓ 窓を開ける

女性の会話後の行動についての問題です。男性の

最後の発言**Can you do the kitchen, instead?(代わりにキッチンを掃除してくれる？)**に対して女性が**All right.(いいよ)**と答えているため㋐が正解です。㋑～㋓の内容も言及されていますが、**男性の行動に関する発言**です。選ばないように注意しましょう。

(3) [正解] ㋓ (➡12講) (2点)

[スクリプト] M：Have you found a new job yet?

W：Not yet. **I want to work in the same field** as I do now, but it's hard to find a good company. And you?

M：**I'm looking now, too.** However, in my case, **I'm going to start a new career.**

W：**I hope we both find good jobs.**

[訳] 男性：もう新しい仕事見つかった？

女性：まだなの。今と**同じ分野で働きたい**んだけど、いい会社を見つけるのが難しいのよ。あなたは？

男：**僕も今探しているところなんだ**。でも、僕の場合は、**新しいキャリアを始めようと思っているんだ**。

女：**お互いいい仕事が見つかるといいわね**。

問　2人は何を計画しているのか？

㋐　完全に新しいキャリアを始める

㋑　現在の分野で働き続ける

㋒　新しいスタッフを探す

㋓　新しい場所で働き始める

2人が行うことを聞き取る問題です。会話の冒頭部分から女性は㋑現在と同じ分野の仕事を探していることがわかります。次いで、男性の2度目の発言の**I'm looking now, too.** However, in my case, **I'm going to start a new career.(僕も今探しているところなんだ。**でも、僕の場合は、**新しいキャリアを始めようと思っているんだ)**から、男性は㋐完全に新しいキャリアの仕事を探していることがわかります。この2人に共通しているのは㋓**Start working at new places (新しい場所で働き始める)**です。2人に共通していることを聞き取る問題では、tooやbothなどの同調・同意表現に注意しましょう。

(4) [正解] ㋐ (➡13講) (2点)

[スクリプト] W：Professor Harris's class is boring.

M：Do you think so? I can learn a lot from his class.

W：Well, I don't have enough knowledge of French to enjoy it. And **I often can't catch his words.**

M：**Yeah, that's true. He should speak more slowly.** I guess he doesn't want his class to run late.

[訳] 女性：ハリス教授の授業は退屈だわ。

男性：そう思う？僕は彼の授業からはたくさん学べると思うな。

女：うーん、私は授業を楽しむだけの十分なフランス語の知識を持っていないんだよね。それに、**彼の言葉が聞き取れないことがよくあるの。**

男：**ああ、それはそうだね。彼はもっとゆっくり話すべきだよ。**彼は授業を遅らせたくないんだろうな。

問　2人は何について同意しているのか？

㋐　ハリス教授ははっきり話さないことがよくある。

㋑　ハリス教授は彼の授業時間を長くすべきだ。

㋒　彼らはハリス教授の授業から多くを学んでいる。

㋓　彼らは授業を理解するためにもっと知識が必要だ。

2人が同意していることを聞き取る問題です。女性の2度目の発言の**I often can't catch his words (彼の言葉が聞き取れないことがよくあるの)**に対して男性が**Yeah, that's true. He should speak more slowly.(ああ、それはそうだね。彼はもっとゆっくり話すべきだよ)**と**同意**を表しています。これをProfessor Harris often **doesn't speak clearly.** (ハリス教授は**はっきり話さない**ことがよくある) **と言い換えた**㋐が正解です。2人が同意していることを聞き取る問題では、Yeah.やThat's true.などの同調・同意表現に注意しましょう。

(5) [正解] ㋐ (➡16講) (2点)

[スクリプト] M：Thank you for joining our basketball team. Have you ever played it?

G：I played it for five years from elementary to junior high school. I have confidence in my skill.

M：Great. The training isn't very hard. Take it easy.

G：To be honest, **I'm anxious if I can be friends with everyone.**

M：Don't worry. We're a friendly team, and we're excited to have you on board.

[訳] 男性：バスケットボール部に加わってくれてありがとう。これまでにプレーしたことはあるかい？

女の子：小学校から中学校まで5年間やってきました。自分の技術には自信があります。

男：素晴らしい。練習はさほど厳しくないよ。気楽に行こう。

女：実は、**皆と仲良くなれるか心配なんです。**

男：心配しないで。我々は仲の良いチームだし、君が加わってくれることを喜んでいるんだ。

問　女の子は何を心配しているのか？

㋐　彼女がチームメイトと仲良くできるかどうか

㋑　彼女が高校で部活に入れるかどうか

[ウ] 彼女が厳しい練習について行けるかどうか
[エ] 彼女がバスケットボールを上手にプレーできるかどうか

女の子が心配していること聞き取る問題です。女の子の2度目の発言 **I'm anxious if I can be friends with everyone(皆と仲良くなれるか心配なんです)**を **Whether she can get along with her teammates(彼女がチームメイトと仲良くできるかどうか)と言い換えた**[ア]が正解です。心配事を聞き取る問題では、I'm worried about ...や I'm anxious about ...などの心配・不安を表す表現に注意しましょう。なお、**get along with ...(…と仲良くする)**や**keep up with ...(…に遅れずについて行く)**なども重要フレーズです。

(6) [正解] [エ] (➡18講) (2点)

[スクリプト] G:Are you listening to the new CD by Shelly? It was sold out at all the CD shops. Where did you get it?
B:I ordered it on the Internet before it was released.
G:I should have done that, too.
B:I hear **it's also available on** some music apps.
G:Oh, thanks! **I'll listen to them there.**

[訳] 女の子:シェリーの新しいCDを聞いているの?全てのCD店で売り切れだったのに。どこで手に入れたの?
男の子:発売前にネットで注文したんだ。
女:私もそうすべきだったわ。
男:**いくつかの音楽アプリでも入手できる**みたいだよ。
女:まあ、ありがとう!**それで聞いてみるわ。**
問 女の子はどうやってシェリーの新しい曲を聞くのか?
[ア] 彼女は男の子からCDを借りる。
[イ] 彼女はCDをCD店で入手する。
[ウ] 彼女はインターネットでCDを注文する。
[エ] 彼女はデジタルの音楽サービスを使う。

手段を聞き取る問題です。男の子の最後の発言 **it's also available on some music apps(いくつかの音楽アプリでも入手できる)**に対して女の子が**I'll listen to them there.(それで聞いてみるわ)**と答えています。女の子の言う there は男の子が教えてくれた **some music apps** だとわかるので、これを **a digital music service**(デジタルの音楽サービス)**と言い換えた**[エ]が正解です。なお、**apps /æps/**「ェアップス」は applications の略で、(アプリ)のことを言います。手段・方法に関する問題では、全ての選択肢の内容について会話内で言及されることが多いです。特に会話の最後に重要な情報が来ることが多いことを覚えておきましょう。

(7) [正解] [エ] (➡20講) (2点)

[スクリプト] G:So what is your college like?
B:It's a historic college, but some buildings were repaired recently. It's attractive.
G:I heard it has a large campus and good facilities.
B:Yeah. Actually, I thought the large campus was nice before I entered. **But now I realize it's hard to get to the next class in time.**

[訳] 女の子:ところで、あなたの大学はどんな感じなの?
男の子:歴史ある大学だけど、いくつかの建物は最近修理されたんだ。魅力的だよ。
女:広いキャンパスがあって、良い設備もあるって聞いたわ。
男:ああ。実は入学する前は広いキャンパスが良いと思っていたんだ。**でも今は次の授業に時間内に着くのが大変だって気づいたんだ。**
問 男の子は大学についてどう感じているのか?
[ア] 勉強するのに十分な設備がない。
[イ] 修理が必要な建物がいくつかある。
[ウ] 入学前に思ったほど広くない。
[エ] ある授業から別の授業へと移動するのが容易でない。

感想を聞き取る問題です。会話の冒頭部分から男の子は自分の通う大学について**肯定的な感想**を言っていますが、男の子の2度目の発言の途中で Actually と言っているので、感想が変わることが予想できます。それに続く **But now I realize it's hard to get to the next class in time.(でも今は次の授業に時間内に着くのが大変だって気づいたんだ)を It isn't easy to move from one class to another.(ある授業から別の授業へと移動するのが容易でない)と言い換えた**[エ]が正解です。感想についての会話では、特に but・actually・however の後ろに出てきた感想の重要度が高いことに注意しましょう。

(8) [正解] [イ] (➡21講) (2点)

[スクリプト] W:I'll have the roast chicken. What about you?
M:Give me a minute. Do you think this dish has pork in it?
W:It might. If you're avoiding meat, how about this one?
M:Actually, I'm avoiding eggs, too.
W:No worries. **Why don't we check out a vegetarian restaurant?**

[訳] 女性:私はローストチキンにするわ。あなたは?
男性:ちょっと待って。この料理には豚肉が入っていると思う?
女:そうかもね。お肉を避けているんなら、これは

どう？
男：実は、僕は卵も避けているんだ。
女：大丈夫よ。**ベジタリアンレストランを見てみない？**
問　女性は彼らが何をするように提案しているのか？
㋐　彼の注文を慎重に決める
㋑　違うレストランに行く
㋒　お肉を使った料理を食べる
㋓　何も食べない
提案内容を聞き取る問題です。女性の最後の発言の **Why don't we check out a vegetarian restaurant?**（**ベジタリアンレストランを見てみない？**）を **Go to a different restaurant と言い換えた**㋑が正解です。提案内容を聞き取る問題では、Why don't we ...?（…しませんか）や What about ...?（…はどう？）などの提案表現に注意しましょう。

問２
(1)　[正解]㋒（➡23講）（２点）
[スクリプト] W：Why don't we buy a clock for the living room?
M：Sure. Are you talking about **the one we can put on the wall**?
W：**Yes.** And I **prefer the round one** to the square one.
M：**Yeah, I like it better, too.**
Question：Which clock did they buy?
[訳] 女性：リビングに時計を買わない？
男性：いいね。**壁に掛けられる時計**のことを言っているの？
女：**そう**。それと私は四角い物より**丸い物のほうが好きだわ**。
男：**ああ、僕もそっちのほうが好きだな。**
問　２人はどの時計を買ったのか？
４つのイラストが少しずつ違う問題です。この場合は２〜３つポイントとなる要素がありますが、今回は**時計の形**と**置時計か掛け時計か**が**聞き取りのポイント**です。男性の２度目の発言 Are you talking about **the one we can put on the wall**?（**壁に掛けられる時計**のことを言っているの？）に対して女性が Yes. と答えていることから㋒・㋓のいずれかとなり、続く **I prefer the round one** to the square one（私は四角い物より**丸い物のほうが好きだわ**）に男性も **I like better, too と同意している**ことから㋒が正解です。
(2)　[正解]㋓（➡24講）（２点）
[スクリプト] B：Didn't you belong to **the tennis club** before? Are you going to join the same one?
G：**No, I'm thinking of doing something indoors** this time.
B：Oh, then how about this one?
G：Hmm ... **I still want to play sports, though**.
Question：Which is the best club for the girl?
[訳] 男の子：以前**テニス部**に入ってなかった？同じのに入るつもりなの？
女の子：**いいえ**、今度は**室内でできることをしようと思っているわ**。
男：ああ、それならこれはどう？
女：うーん、**でも、やっぱりスポーツをしたいんだよね**。
問　どれが女の子にとって一番良い部活か？
イラストがバラバラのタイプの問題ですので、話に沿って選択肢を外していきましょう。男の子の冒頭の発言の the tennis club（テニス部）に対して、女の子が **No, I'm thinking of doing something indoors** this time.（**いいえ**、今度は**室内でできることをしようと思っているわ**）と答えているため、㋒・㋓のいずれかとなり、女の子の最後の発言 **I still want to play sports, though.**（**でも、やっぱりスポーツをしたいんだよね**）から㋓が正解です。
(3)　[正解]㋓（➡25講）（２点）
[スクリプト] M：Is the hat Karla wants **on the top of the page?**
W：**No, on the bottom. It's the one with some flowers.**
M：Oh, is it **on the left at the end**?
W：**No, it's the other one.**
Question：Which is the hat Karla wants?
[訳] 男性：カーラが欲しい帽子は**ページの上の段**？
女性：**いいえ、下の段よ。お花がついている帽子なの。**
男：あぁ、**左端のかい**？
女：**いいえ、もう１つのほうよ。**
問　どれがカーラが欲しい帽子か？
カタログ内での位置を問う問題です。場所に関する情報を拾い集めていきましょう。まず、男性の冒頭の発言 Is the hat Karla wants **on the top of the page**?（カーラが欲しい帽子は**ページの上の段**？）に女性が **No, on the bottom.**（**いいえ、下の段よ**）と答えているので㋒・㋓のいずれかです。また、女性の **It's the one with some flowers.**（**お花がついている帽子なの**）と、それに続く男性の is it **on the left at the end**?（**左端のかい**？）に対する女性の **No, it's the other one.**（**いいえ、もう１つのほうよ**）から㋓が正解です。the other ...（もう一方の…）は重要情報を導くフレーズですので、必ず覚えておきましょう。
(4)　[正解]㋑（➡26講）（２点）
[スクリプト] W：I want to buy a book to read tonight.
M：**There's a bookstore on the same street as**

the coffee shop we went to yesterday.
W：Do you mean **the one across from the park**?
M：Yes, that's the one! It's **next to the pharmacy**.
Question：Where is the bookstore located?
[訳] 女性：今晩読む本を買いたいわ。
男性：昨日行った**喫茶店と同じ通りに本屋があるよ**。
女：**公園の向かいの本屋**のこと？
男：そう、それ！**薬局の隣に**あるよ。
問　本屋はどこにあるのか？

地図内の位置を問う問題です。場所に関する情報を拾い集めていきましょう。まず、男性の冒頭の発言 **There's a bookstore on the same street as the coffee shop** we went to yesterday.（昨日行った**喫茶店と同じ通りに本屋があるよ**）から、㋐・㋑・㋒となり、次の女性の発言 Do you mean **the one across from the park**?（**公園の向かいの本屋**のこと？）に対して男性がYesと答えているので㋑・㋒のいずれかです。また、男性の It's **next to the pharmacy**.（**薬局の隣に**あるよ）から㋑が正解です。across from ...（…の向かい側）や next to ...（…の隣）などの位置関係を表すフレーズは必ず覚えておきましょう。

[3]
問1

[スクリプト] Nora：Hi, Evan. Are you busy these days?
Evan：So-so. My boss encourages us to work remotely, so I've been doing that recently.
N：**That sounds tough.**
E：What do you mean, Nora? **Working from home is great!**
N：**I disagree. I can't stand working alone.** At the office, I can ask someone around me for advice if I have a problem.
E：When I need help, I will just send a message to someone. **I don't need to ask face to face.**
N：**I think we need to communicate with our co-workers face to face. Building close relationships is the most important thing.**
E：**Can we build close relationships just because we work at the same place? I don't think so.**
N：Well, I enjoy talking with my co-workers.
E：To be honest, the people at my office are all older. I can't relax with them.
N：I understand. I can be more productive when I work with my team.
E：I'm not so sure about that. **But don't you think we are lucky? We can work in a way which suits us.**
N：You're right.
[訳] ノラ：こんにちは、エヴァン。最近忙しい？
エヴァン：まあまあだよ。僕の上司がリモートワークを推奨しているから、最近はそうしているんだ。
ノ：**それは大変そうだね。**
エ：どういうこと、ノラ？**家で働けるのは素晴らしいことだよ！**
ノ：**私はそう思わないな。一人で仕事をするのは耐えられないよ。**オフィスでは、問題があれば周囲の誰かにアドバイスを求めることができるでしょ。
エ：助けが必要なときは、誰かにメッセージを送るだけだよ。**面と向かって聞く必要はないよ。**
ノ：**私は同僚とは面と向かってコミュニケーションをとる必要があると思うな。親密な関係性を築くことが最も重要なことよ。**
エ：**同じ場所で働くだけで親密な関係性が築けるのかい？そうは思わないな。**
ノ：うーん、私は同僚と話すのが楽しいわ。
エ：正直に言うと、僕のオフィスの人々は皆年上なんだ。一緒にいてリラックスできないんだよ。
ノ：なるほど。私はチームと一緒に働くとより生産的になれるけどな。
エ：それはどうかわからないな。**でも、僕たちはラッキーだと思わないかい？自分に合う方法で働くことができるんだから。**
ノ：その通りだね。

(1)　[正解] ㋒（➡27講）（3点）
[訳] 問　ノラの主張は何か？
㋐　面と向かってのコミュニケーションは現代社会では重要ではない。
㋑　家でリラックスすることとオフィスで働くことは分ける必要がある。
㋒　人々は職場で同僚と良い関係性を築くことができる。
㋓　家で働くことは快適でオフィスで働くより生産的だ。

ノラの２度目の発言 **That sounds tough.**（**それ**［＝リモートで働くこと］**は大変そうだね**）や３度目の発言の **I disagree. I can't stand working alone.**（**私はそう思わないな。一人で仕事をするのは耐えられないよ**）などから**リモートワークについて反対している**ことがわかるため、テーマ（リモートワーク）に対して否定的な㋑・㋒が正解の可能性が高いです。選択肢を絞るために聞く前に各選択肢がテーマに肯定的か否定的（・またはどちらでもない）か考えておきましょう。ノラの４度目の発言 **I think we need to communicate with our co-workers face to face. Building close relationships is the most important thing.**（**私は**

同僚とは面と向かってコミュニケーションをとる必要があると思うな。親密な関係性を築くことが最も重要なことよ)をPeople can establish good relationships with their co-workers at the workplace.(人々は職場で同僚と良い関係性を築くことができる)とまとめた㋒が正解です。

(2) [正解] ㋐ (➡28講) (3点)

[訳] 問　エヴァンが同意しそうなのは以下のどれか?

㋐ 人々が好きな方法で働けることは良いことだ。

㋑ 管理職はスタッフのリモートワークを推奨するべきである。

㋒ 仕事中に人と話すことは、彼にとって楽しい。

㋓ リモートで働くと、同僚と仲良くやっていくことが難しい。

エヴァンの2度目の発言Working from home is great!(家で働けるのは素晴らしいことだよ!)や3度目の発言のI don't need to ask face to face.(面と向かって聞く必要はないよ)からエヴァンはリモートワークについて賛成していることがわかるため、リモートワークに賛成している㋑か、どちらでもない㋐が正解の可能性が高いです。エヴァンの最後の発言But don't you think we are lucky? We can work in a way which suits us.(でも、僕たちはラッキーだと思わないかい?自分に合う方法で働くことができるんだから)という発言を元にした考えが㋐だと言えます。なお、エヴァンの最後の発言のI'm not so sure about that.(それはどうかわからないな)はやんわりと否定の気持ちを表す重要フレーズです。

問2

[スクリプト] Henry : Hey, look at this documentary about Japanese traditional crafts. **I don't think we should use robots to make traditional crafts. It's not authentic.**

Jack : I understand your point, Henry. **But using robots could help us make more crafts, faster.**

Amelia : **I agree with Jack.** Besides, I hear **the number of people who engage in traditional crafts in Japan is declining.**

Sakura : Yes, Amelia, and robots can help us make crafts more consistently and at a lower cost.

H : But traditional crafts are about more than just making things. They're about preserving our culture and heritage.

J : I think we can still do that with robots. We just need to program them to follow traditional techniques.

A : **And it could actually help us introduce traditional crafts to more people, who might not afford them otherwise.**

S : **I think using robots could be a good way to bring traditional crafts into the modern age.**

H : I can see your point, Sakura, **but I still think we need to be careful about how we use robots in this context.**

[訳] ヘンリー : ねえ、日本の伝統工芸品についてのこのドキュメンタリー見てよ。**伝統工芸品を作るのにロボットを使うべきじゃないと思うな。本物じゃないよ。**

ジャック : 君の言いたいことはわかるよ、ヘンリー。**でも、ロボットを使うことでより多くの工芸品をより速く作ることができるかもしれないよ。**

アメリア : **ジャックに賛成だわ。**それに、**日本では伝統工芸に従事している人が減っているそうよ。**

サクラ : ええ、アメリア、それにロボットを使えば、より安定して安く工芸品を作ることができるしね。

ヘ : でも、伝統工芸はただ物を作るだけではないよね。文化や伝統を守るためのものだよ。

ジ : それはやっぱりロボットでもできると思う。伝統的な技法に従うようにプログラミングすればいいんだ。

ア : **それにロボットを使うと、そうでなければ買うことができなかったかもしれないより多くの人たちに伝統工芸品を知ってもらう役に立つかもしれないよ。**

サ : **ロボットを使うことは、伝統工芸を現代に伝える良い方法だと思うな。**

ヘ : 君の言いたいことはわかるけど、サクラ、**この文脈でのロボットの使い方には注意が必要だと思うな。**

(1) [正解] ㋒ (➡31講) (3点)

特に各人物の主張がわかる発言は以下の通りです。○や×を[MEMO]の表に書くとよいでしょう。

ヘンリー(最初の発言) : **I don't think we should use robots to make traditional crafts. It's not authentic.(伝統工芸品を作るのにロボットを使うべきじゃないと思うな。本物じゃないよ)→×(反対)**

ジャック(最初の発言) : **But using robots could help us make more crafts, faster.(でも、ロボットを使うことでより多くの工芸品をより速く作ることができるかもしれないよ)→○(賛成)**

アメリア(最初の発言) : **I agree with Jack. (ジャックに賛成だわ)→○(賛成)**

サクラ(2度目の発言):**I think using robots could be a good way to bring traditional crafts into the modern age.**(**ロボットを使うことは、伝統工芸を現代に伝える良い方法だと思うな**)→○(**賛成**)
以上から、賛成しているのは3人(ジャック・アメリア・サクラ)だとわかります。

(2) [正解] ㋑ (➡32講) (3点)
アメリアの最初の発言のI hear **the number of people who engage in traditional crafts in Japan is declining**(**日本では伝統工芸に従事している人が減っている**そうよ)から、**The Number of Craftsmen in Japan**(**日本の職人の数**)のグラフである㋑が正解です。

[4] [正解] A:㋑ B:㋓ C:㋔ D:㋐
(➡35講)(各4点)
[スクリプト] This is the list of our prices. Could you complete the list by filling in the prices? The prices depend on the size of a dog and the length of their stay. Our basic package includes a comfortable bed and food. **It costs $20 per night for small dogs, up to 10 kilograms, and $25 per night for larger dogs, over 10 kilograms. For an additional $10 per night, you can upgrade to our deluxe package**, which includes a personal playtime session and a gourmet treat. And with over 7 nights, **our long-stay package is available at a discounted rate of $15 per night regardless of the size.**
[訳] これは、私たちの価格のリストです。料金を記入してリストを完成させていただけますか?料金は、犬の大きさと滞在期間によって異なります。基本パッケージには、快適なベッドと食事が含まれています。**10 kgまでの小型犬は1泊20ドル、10 kgを超える大型犬は1泊25ドルです。1泊につき10ドルの追加料金で**、個別のプレータイムとグルメなおやつが含まれる**デラックス・パッケージにアップグレードすることができます**。また、7泊以上の**長期滞在パッケージは、サイズに関係なく1泊15ドルという割引料金でご利用いただけます**。
Aは10 kgまでの犬=小型犬の基本パッケージの金額なので**It costs $20 per night for small dogs, up to 10 kilograms**(**10 kgまでの小型犬は1泊20ドル**)から㋑が入ります。BとCのデラックス・パッケージは**For an additional $10 per night, you can upgrade to our deluxe package**(**1泊につき10ドルの追加料金でデラックス・パッケージにアップグレードすることができます**)から、小型犬であるBは$20+$10=$30なので㋓、大型犬であるCはまず、**$25 per night for larger dogs, over 10 kilograms**(**10kgを超える大型犬は1泊25ドル**)から基本パッケージは**$25**だとわかり、さらにデラックス・パッケージにするためにはそれに$10足して㋔$35となります。最後に、**our long-stay package is available at a discounted rate of $15 per night regardless of the size**(**長期滞在パッケージは、サイズに関係なく1泊15ドルという割引料金でご利用いただけます**)とあることから、Dは㋐だとわかります。

[5] [正解] ㋒→㋐→㋓→㋑ (➡33講)(4点)
[スクリプト] During my homestay in Japan, my host family took me to a summer festival. ㋒**We first tried different types of street food such as cotton candy and *takoyaki*, or octopus balls.** ㋐ **Then we saw fireworks along the river.** I was amazed by how beautiful they were. ㋓**We also tried scooping goldfish.** It was challenging, but we had so much fun playing together and cheering each other on. ㋑**Later that day, we sat down to enjoy some green tea.** We talked about the festival and our favorite moments from the day. I will always cherish the memories from the festival and the kindness of my host family.
[訳] 日本でのホームステイ中、ホストファミリーは私を夏祭りに連れて行ってくれました。㋒**まず、綿菓子やたこ焼きなど、さまざまな屋台料理を食べました。**㋐**そして、川沿いで花火を見ました。**花火の美しさにびっくりしました。㋓**金魚すくいにも挑戦しました。**難しかったけど、一緒に遊んだり、応援し合ったりしてとても楽しかったです。㋑**その日の後で、私たちは座ってお茶を飲みました。**お祭りの話や、その日の楽しかったことを話しました。このお祭りの思い出とホストファミリーの優しさは、ずっと大切にしたいと思います。
We first tried different types of street food such as cotton candy and *takoyaki*, or octopus balls.(**まず、綿菓子やたこ焼きなど、さまざまな屋台料理を食べました**)から㋒、次に**Then we saw fireworks along the river.**(**そして、川沿いで花火を見ました**)から㋐、**We also tried scooping goldfish.**(**金魚すくいにも挑戦しました**)から㋓、そして最後に**Later that day, we sat down to enjoy some green tea.**(**その日の後で、私たちは座ってお茶を飲みました**)から㋑が並びます。なお、cotten /kát(ə)n/は特に[米]で/t/の音が飲みこまれ、「コッン」のように聞こえます。

[6] [正解] A:㋓ B:㋑ C:㋐ D:㋒
(➡36講)(各4点)

スクリプト We asked one hundred students in our school the question, "What is your favorite way to relax on weekends?" They were asked to select one of five options: "watching videos", "hanging out with friends or family", "reading a book", "exercising", and "other". **Almost 40 of the students selected "watching videos"** as their favorite weekend activity. **"Reading a book" was the least popular option, selected by just 5 of the students.** "Hanging out with friends or family" was the second most popular choice, at around 30 students. About a quarter of the students chose "exercising" as their preferred way to relax on weekends. The remaining 5 students chose "other".

訳 私たちの学校の 100 人の生徒に「週末にリラックスするためのお気に入りの方法は何か」という質問をしました。彼らは「動画を見る」、「友達や家族と出かける」、「本を読む」、「運動する」そして「その他」の５つの選択肢から１つを選ぶように頼まれました。**約 40 人の生徒が「動画を見る」を好きな週末のアクティビティとして選びました。**「本を読む」が最も人気がない選択肢で、たった５人の生徒から選ばれました。「友達や家族と出かける」が２番目に人気の選択肢で、約 30 人の生徒に選ばれました。約４分の１（約 25 人）の生徒が週末の好きなリラックス方法として「運動する」を選びました。残りの５人が「その他」を選びました。

Aが**Almost 40 of the students selected "watching videos"**（約 40 人の生徒が「動画を見る」を選びました）から、㋤となります。次いで、**"Reading a book" was the least popular option, selected by just 5 of the students.**（「本を読む」が最も人気がない選択肢で、たった５人の生徒から選ばれました）より、Dは㋦となります。**"Hanging out with friends or family" was the second most popular choice, at around 30 students.**（「友達や家族と出かける」が２番目に人気の選択肢で、約 30 人の生徒に選ばれました）から、約 30 人であるBが㋧です。最後に**About a quarter of the students chose "exercising"**（約４分の１（約 25 人）の生徒が「運動する」を選びました）より、23 人のCが㋐となります。

7 スクリプト Good afternoon, everyone. Today, we're going to discuss the differences between traditional and digital marketing. Traditional marketing involves using offline methods such as billboards and print ads, while digital marketing involves using online methods such as social

media and email marketing.

There are three key differences between traditional and digital marketing. Firstly, traditional marketing tends to have a wider reach, while digital marketing can be more targeted. **Traditional marketing can be more expensive**, while **digital marketing can be more cost-effective**. Lastly, **traditional marketing can be more difficult to measure the effectiveness of their campaigns**, while **digital marketing offers more data and analytics to track the success of them**.

Remember, both traditional and digital marketing have their strengths and weaknesses, and **it's important to consider which approach will be most effective for your business**. By understanding these differences, you can make informed decisions about your marketing strategy.

訳 皆さん、こんにちは。今日は、従来のマーケティングとデジタル・マーケティングの違いについてお話しします。従来のマーケティングは看板や印刷広告などオフラインの手法を用い、デジタル・マーケティングはSNSやメール・マーケティングなどオンラインの手法を用います。

従来のマーケティングとデジタル・マーケティングには、３つの重要な違いがあります。まず、従来のマーケティングはより広範囲に届く傾向があり、デジタル・マーケティングはよりターゲットが絞られる可能性があります。**従来のマーケティングはより高額である可能性があるのに対し、デジタル・マーケティングはより費用対効果が高い可能性があります。**最後に、従来のマーケティングはキャンペーンの効果を測るのがより難しい可能性があるのに対し、デジタル・マーケティングはキャンペーンの成功を追跡するためのより多くのデータと分析を提供してくれます。

従来のマーケティングとデジタル・マーケティングのどちらにも長所と短所があり、どちらのアプローチがあなたのビジネスに最も効果的かを検討することが重要だということを覚えておいてください。これらの違いを理解することで、マーケティング戦略について十分な情報を得た上で意思決定をすることができます。

問1

正解 A:㋤ B:㋦ C:㋐ D:㋧
（→39課、→42課）（各２点）

従来のマーケティングとデジタル・マーケティングについての講義です。この２つの手法についての違いは３つあり、その１つ目であるReachにつ

いてはすでに表が埋められています。続くCost
については、**Traditional marketing can be more
expensive**（従来のマーケティングはより高額で
ある可能性がある）からＡは㋔が入ります。「物が
高い」はexpensiveが用いられますが、コストな
どの「金額が高い」はhighを用いるため、選択肢
では言い換えられています。**digital marketing
can be more cost-effective**（デジタル・マーケ
ティングはより費用対効果が高い可能性があります）
から、Ｂには㋐が入ります。また、Analysis of
effectiveness（効果の分析）について は、
**traditional marketing can be more difficult to
measure the effectiveness of their campaigns**
（従来のマーケティングはキャンペーンの効果を
測るのがより難しい可能性がある）からＣには㋐、
**digital marketing offers more data and analytics
to track the success of them**（デジタル・マーケ
ティングはキャンペーンの成功を追跡するためのよ
り多くのデータと分析を提供してくれます）から、
分析するための情報が多い＝より分析しやすいと
いうことを踏まえてＤには㋑が入ります。

問2

正解 ㋑（→40講、→42講）（4点）
㋕ ㋐ デジタル・マーケティングはインターネッ
トのおかげで世界中に広まった。
㋑ 自分のビジネスにとってどちらのマーケティ
ング・スタイルが効果的かを判断するのが重要
だ。
㋒ 従来のマーケティングにはオフラインの手法
だけでなくメール・マーケティングも含まれる。
㋓ 従来のマーケティングは、より効果的なので、
デジタル・マーケティングより好まれる。
講義終盤の it's important to consider which
approach will be most effective for your
business（どちらのアプローチがあなたのビジネ
スに最も効果的かを検討することが重要だ）の
consider which approach ...（どちらのアプロー
チが…かを検討する）を evaluate which
marketing style ...（どちらのマーケティング・ス
タイルが…かを判断する）と言い換えた㋑が正解
です。各選択肢に含まれる単語やフレーズは、読
み上げられた英文内に登場しますので、聞き取れ
た音だけで選択肢を選ばないように注意しましょ
う。

KOKOKARA DRILL SERIES
大学
TSUNAGERU
入試